英语写作技巧与实践研究

单　君◎著

吉林出版集团股份有限公司
全国百佳图书出版单位

图书在版编目（CIP）数据

英语写作技巧与实践研究 / 单君著. — 长春 : 吉林出版集团股份有限公司, 2023.8
ISBN 978-7-5731-3476-9

Ⅰ.①英… Ⅱ.①单… Ⅲ.①英语—写作 Ⅳ.①H315

中国国家版本馆CIP数据核字(2023)第097680号

YINGYU XIEZUO JIQIAO YU SHIJIAN YANJIU

英语写作技巧与实践研究

著　　者：单　君
责任编辑：盛　楠
出　　版：吉林出版集团股份有限公司
发　　行：吉林出版集团青少年书刊发行有限公司
地　　址：吉林省长春市福祉大路 5788 号
邮政编码：130118
电　　话：0431–81629808
印　　刷：长春市华远印务有限公司
版　　次：2023 年 10 月第 1 版
印　　次：2024 年 1 月第 1 次印刷
开　　本：720 mm×1000 mm　1/16
印　　张：8.5
字　　数：160 千字
书　　号：ISBN 978-7-5731-3476-9
定　　价：78.00 元

前　言

中国学生的英语写作存在着很多问题。对于学生自己来说，英语写作也是令人头痛的难题。究其原因，造成写作困难的主要因素可归结为四个方面：语言障碍、母语思维方式的影响、思想和组织能力的缺乏以及写作知识和写作技巧的生疏。

首先，缺乏系统和规范的语言知识是造成语言障碍的主要因素。例如，中国学生在学习英语单词时大多只注意单词的表意，而对词的潜在之意，特别是词的重量、词的精神以及词在不同语境中产生的不同语意等知识了解甚少。此外，中国学生在英语时态、句子结构以及英语修辞等方面的训练更是欠缺。再加上中国学生一般容易忽视应用语言学和社会语言学的系统研究以及写作意识的培养，就更加大了写作的难度。

除语言功底外，母语思维方式的干扰也是造成写作困难的重要因素。语言是社会和文化的产物，是生活在特定的社会和文化之中的人所持有的特有思维方式的表现形式。因此，社会和文化的差异决定了语言形式和思想表达方式的不同。按照语言学家用谱系分类法对语言的分类，英语属印欧语系日耳曼语族的西日耳曼语支，而汉语则属汉藏语系，是两种完全不同的语言。仅以“客气”这一概念为例，中国人习惯用贬低自己所做的实际工作的方式来表达，从而产生了诸如“我没有什么好说的”“我没做什么准备”以及“哪里，哪里”之类的说法。然而，英、美等国的人却没有这样的表达习惯。确实，英汉两种语言在思想的表达方面存在很大的差异，习惯汉语思维的人，若按照我们特有的思维方式去写英语文章，其结果也是可想而知的。

语言修养的缺乏和母语思维的干扰无疑是影响英语写作质量的两大因素，而思想和组织能力的缺乏也同样是造成写作困难的重要原因。写作，从表面看来好像只是个语言问题，但实际上却是个思想表达的过程。培根在其仅有 505 个单词（标点符号不包括在内）的《论读书》一文中，把读书活动描绘得有声有色，使人感受到作者丰富的思想和敏捷的思维。常写作的人都懂得，作品实际上是作者本人的影子，是反映作者思想、性格以及作者所处时代的镜子。学生常有“没什么可写”的感觉，这种感觉体现了说话人思想的贫乏；有些人感到“不知道该怎样写”，这又反映了语言功底和组织能力的缺乏。如果说作者的思想是作品的“血和肉”的话，那么，语言组织能力则是支撑起“血和肉”的“筋骨”。

写作实际上是作者以自己的思想为材料，通过语言的形式创造作品的过程。这种创造和建筑设计一样，需要严谨的逻辑和完整的结构，否则就会造成作品的残缺。有些学生认为，有了丰富的思想和良好的语言基础，就可以开始写作了。然而，他们并未懂得，文章的论点和论据若缺乏逻辑的组合和协调，缺乏论据与论点的有机配合，作品就会像堆在洗碗池内的脏碗，给人以杂乱和不堪入目之感。

写作能力是提高英语综合应用能力的难关，对于英语学习者至关重要，各类英语考试也都加强了写作的测试。例如，大学英语四六级考试的写作词数提高到了 150 词，托福考试把写作列为正式考试，爱普考试也加重了写作比分，GRE 考试也把写作列入了正式项目，等等。一般说来，能在半小时内写出 150 词左右的短文属于具有中级写作能力；若能在半小时内写出 300 词左右的短文则属于具有高级写作能力。目前大部分学生虽然能在规定时间内写出一篇作文，但是作文内容往往是想到一句写一句，东拼西凑，意思重复，空洞无物。一篇作文必须有完整的主题思想，有足够的细节支持，有标准的写作结构。可谓“麻雀虽小，五脏俱全”，这三个方面写作要求是必须满足的。因此，除多写多实践以外，还必须要学习写作理论和技巧。

为了使高深的理论变得有可操作性，本书首先明确了英语写作中常见的语法错误，并指出了改正的方法，摆脱母语的干扰；其次对于要求较高的学生来说，只消灭错误是不够的，还需要掌握一些修辞手法，让文章形象、生动起来；最后用大篇幅详细阐述了作文段落的设计并且界定了作文的几大主题，分别是比较与选择、原因与理由、分析和说明、评论、批驳以及信函等说明文、议论文的常用写作结构。为了方便实践，本书同时提供了与主题相关的例文和例文的解析以及精彩表达。但鉴于编者的水平有限，书中仍有不足之处，望读者批评指正。

目　录

第一章　中西思维方式差异对学生英语写作的影响

第一节　中西思维模式差异

思维模式是主体在反映客体的思维过程中，定型化了的思维形式、思维方法和思维程序的综合和统一。思维方式是沟通文化与语言的桥梁。由于受到不同社会的政治、经济、文化、地理环境和哲学思想等方面的影响，不同的民族形成了各自不同的思维方式。中国和西方属于两大不同的文化体系，从总体上看二者具有不同的思维特征。

一、整体性思维与分析性思维

从哲学上讲，两种语言对比，必然有个性与共性差异。中国人自古就惯于从整体上把握事物，把世界看成是本质上不可分割的有机整体，并用这种观点解释一切事物现象。中国传统易学把一切自然现象和人事吉凶统统纳入由阴阳所组成的八卦系统和六十四卦系统，提出“易有太极，是生两仪，两仪生四象，四象生八卦”的整体观，这种思想为中国人整体性思维模式的形成奠定了理论基础。从春秋战国时期儒家的“自然人化”和道家的“人自然化”，董仲舒的“天人感应”、两汉的宇宙论、魏晋玄学的本体论，直至宋明理学体系，使得整体性思维模式得到进一步发展和完善。整体性思维认为世界是一个整体，人、自然和社会包含在一个整体之中，整体中包含着许多有着密切联系的各个部分，而要了解各部分，则必须先了解其整体。因此，整体性思维注重自然的和谐性和整体的关联性，习惯于融会贯通地把握事物，而不主张从局部和细节上把握事物。

与整体性思维相对的是分析性思维，它严格区分人与自然、现象与本质，并把两者对立起来，分别对这个二元世界作深入的分析研究。西方的分析性思维则注重将整体分解为部分，惯于把复杂的现象和事物分解为具体的细节或简单的要素，通过对各部分、各细节、各要素的考察来了解它们在整体中的性质、作用和相互联系，为了解整体及其各要素之间的因果关系提供依据。分析性思维按照一定的程序进行思考，从已知推导未知，像解析几何题那样一丝不苟地论证，然后得出合乎逻辑的结论。这种步步为营、严密精确的分析思维正是西方哲学的特征所在，并直接导致了西方文明理性主义和重知主义的发展。从古希腊哲学的“分析时代”到康德的“先天综合判断”，再到20世纪的“分析时代”都充分说明了这一点。

二、辩证逻辑思维与形式逻辑思维

中国古代的辩证思想认为万物都是对立物的变幻，相互独立而又相互渗透；同时又十分注重对立双方的互相转化，善于从对立中把握统一、从统一中把握对立，兼顾两面，注重适中与适度，反对过分或不足，实现中道，以和谐和统一为最终目标。中国传统哲学重辩证思维，轻形式逻辑；注重事物的运动、变化、发展，强调内在的矛盾、对立和统一。而古希腊哲学家亚里士多德开创的形式逻辑与演绎推理的三段论（大前提、小前提和结论）及欧几里得建立的平面几何体系，对人类思维产生了深远的影响，也使逻辑性成了西方思维方式的一大特征。形式逻辑思维使西方思维方式具有一种精确性的特征，这种思维方式是以二值逻辑为基础，要求对任何概念和命题都作“非此即彼”“非真即假”的判断，不允许第三值或更多值，注重思维活动的严格性、明晰性和确定性。

三、主观思维和客观思维

中国传统思维以人道、伦常为视觉焦点，作为一种致思倾向，成为中国传统思维方式的显著特点。因此，它十分注重“修身”，即认识自身、完善自身。“善”与“不善”是一切社会行为和科学活动的准绳。但这种内倾性并不突出独立的个体地位，相反，群体包摄个体，将自然包容于人心，“万物皆备于我”，以人为天。这种哲学观对汉民族的思维产生了深刻的影响。先民不以自然为认识对象，而是从主体自身出发，使思维对象指向自身而非自然。他们认为认识了自身，也就认识了自然界和宇宙的根本规律，用主体的修养代替对客体的认识，自身内心体验是一切认识的出发点。因此，在思维方式上总是习惯于以自我为中心开始一个认知过程，从自我需要出发，而不是从客体的本身去反映客体，主要是通过“悟性”或直觉获得，注重直觉意象而非逻辑推理。它在思维过程中突出的是主体因素而不是对象因素，重视主观评价而轻视客观反映，其中情感因素起着非常重要的作用，以情感代替理性，使传统思维带有浓厚的主观意向性。

西方思维传统以自然为视觉焦点，将自然作为自身之外的对象来研究。思维过程中在以主体为中心的同时，注重客观事物对人的作用和影响，严格区分自我意识与认识对象，主体作为“旁观者”对客体尤其是本质世界进行探究。这种致思倾向以科学认知为基础，使得人的思维摆脱主体意向而导致客体意识，排除主观因素，强调客观性，“物是物，我是我”，物我二分，以逻辑和理性探索自然规律。

第二节　中西思维模式差异在语言中的反映

思维方式与语言密切相关，语言是思维的工具，思维方式是语言生成和发展的深层机制，思维方式的差异，是导致语言差异的一个重要原因。中西思维模式差异在英汉两种语言中的反映具体体现在以下几个方面。

一、中西思维模式差异对用词的影响

（一）用词的虚与实

以汉语为母语的民族思维是整体、综合的，而以英语为母语民族的思维是分析、独特的。表现在语言上，汉语往往偏好各种概念的词，即泛指，用词概括而模糊；英语偏好属概念的词，即特指，用词具体。比如，在汉语中，一般情况下，“吃饭”一词既可以表示“吃早饭”，也可以表示“吃午饭或者是吃晚饭”；而在英语中，就要明确说出吃的是哪一餐，例如，“吃早餐”要表达为 have breakfast，“吃午餐”为 have lunch，“吃晚餐”为 have supper，“吃正餐”为 have dinner。

（二）词性问题

汉语词性规定十分宽松，一个词往往可以既是名词，又是动词或是形容词，实际上只有它进入句子才能真正获得自己的词性，汉语句子的组合靠的主要是语序和语义，词与词之间没有绝对的排斥性，在组合上具有很大的自由度。而英语的每一个词在进入句子之前都有明确的词性，即使同性词还要分为可数名词与不可数名词，及物动词与不及物动词，形容词有表语性形容词与定语性形容词，等等。英语是世界上词汇量最大的语言之一。其丰富性在于它构词手段的多样性，一个词可以不通过形态上的任何变化，就转化为另一种词类。例如，形容词可以转化为动词 correct → to correct（纠正）、dry → to dry（使……变干），情态动词转化为名词如 must → a must（必须要做的事）。英汉两种语言的动词体系的差别是很大的，英语的助动词、情态动词、短语动词以及动词不定式、分词、动名词等各种功能使其建立起一套复杂细致的动词体系，用来表达时态、语态、语气的各种细微变化。此外，非谓语动词的各种形态也是英语的一大特色，汉语中没有

相对应的结构。它们的使用频率非常高，表现内容十分丰富。

（三）词语搭配的问题

掌握一个英语单词不仅仅要发音正确、会拼写、懂得词义。掌握一个单词还包括了解它与其他词的搭配关系。因为词汇不是孤立地使用的，人们在表达思想时，总是要把一个词放在词组、句子中，因此词语的搭配应该是英语学习的一个重要项目。由于文化背景的不同，英汉词语搭配存在着一定的差异，如中文里的某些词语在不同的语境里会有不同的英语表达方法，而这些表达法是约定俗成的，如果我们忽略了这种差异便会犯错。因此，英语词语搭配是我国学生学习英语写作的难点之一。比如许多学生习惯于把“学习知识”说成“learn knowledge”，这显然是错误的，正确的表述应为 acquire knowledge，英语中通常与 knowledge 搭配的动词有 acquire、obtain、develop、enlarge、gain 等。若用英语表达“取得成功”这一概念，可以用 achieve、attain、gain、make、obtain、win success 等多个词语搭配。“浓咖啡”英语中说 strong coffee，“淡咖啡”英语中有 weak coffee 的搭配。但是说明汤的“浓稠”或者“稀薄”时，却只能用 thick 或者 thin 与 soup 搭配。“浓烟”英美人用 dense smoke 这种搭配。固定搭配决定我们的表达是否正确、规范。陈建林对基于语料库的引述动词研究发现：中国学生在使用引述动词时显得比较模糊，引述结构比较单一，引述来源也不太确定；美国学生更加注重引述内容的具体性、准确性，引述结构比较多样，引述来源比较确定。中国学生使用 think、believe 这些认知动词的概率大于美国学生，而美国学生使用 show、discover 这样的研究动词的比例要远远高于中国学生。美国学生会利用调查研究结果来进行论证，如“A study taken by the Public Service showed that 40 % of college students engage in binge drinking. ”。而中国学生则常常使用心理动词来表达自己的见解，如“I think it is not necessary to divide students into different classes on the basis of different scores. ”。

（四）词的联想意义问题

词是客观事物在人脑中形成的概念，同一事物对不同文化背景下的人来说有不同的联想反映。中西文化背景及思维方式的差异导致英、汉两种语言表达上存在差异。在汉语中，以狗为比喻体的词常含有贬义，如狼心狗肺、狗腿子、狗眼看人低等。在英语中，狗附有不同的文化特征。英美人喜欢养狗，他们常以狗自称或互称，把它视为人之良友，而不带任何不敬的含义，这一点与汉语有很大不同。常见的词组与句子有：“An old dog like me”（像我这样的老家伙）、“You lucky dog.”（你这个幸运儿）、“Every dog has his day. ”（人人皆有得意时）。再比如“龙”（dragon）在中国人眼中是神与吉祥的象征，汉语文化中，“龙”是神圣的，是帝王的象征，在人们心目中引起美好的联想，它给人们带来希望和光明，故有“真龙天子”“龙种”和“龙袍”等称谓，由“龙”组成的成语“望子成龙”“龙腾虎跃”“乘龙快婿”“龙飞凤舞”“龙盘虎踞”“龙马精神”等亦是正面的、美好的、积极的。而西方人却认为 dragon（龙）是一条拖着长尾巴、满身长鳞、口中喷火、有双翼的巨大蜥蜴，在人们心目中是可怕的、恶的象征。中国人认为“东风”吹绿了大地，象征春天的到来，所以中国人对东风有偏爱；但是英国的“东风”是从欧洲大陆北部吹来的，由于风的寒冷，令人感到不愉快，所以英国人很讨厌“东风”，而喜欢“西风”，认为西风能给他们带来春天。在著名的浪漫主义诗人雪莱的《西风颂》这首诗的最后，诗人的名句表达了他对未来的憧憬和信念：“Oh, the west wind, if winter comes, can spring be far behind?”（啊，西风，假如冬天已经来临，春天还会远吗？）这句诗表达出了诗人对西风的喜好，正好和中国人对东风的偏爱构成了鲜明的对比。在地域方面的差异也会引发对同一事物在认识上的差异。例如，耕牛在中国是勤劳的象征，“老黄牛精神”说的就是任劳任怨和勤勤恳恳的人。明代蒋冕在衣锦还乡后，皇帝称其为“江南老牛”；鲁迅的名句“俯首甘为孺子牛”，也有称赞牛的意思。所以，中国自古以来对牛就是热爱和赞誉的。但是英国古代主要靠马来耕地，牛很少干活。由于文化思维的差异，中西方人在表达同一思想时选择了不同的词语，如胆小如鼠（as timid as a rabbit）、力大如牛（as strong as a horse）、易如反掌（as easy as ABC）、幸运儿（a lucky dog）、一箭双雕（to kill two birds with one stone）、班门弄斧（teach one's grandmother to suck eggs）、生米煮成熟饭 / 木已成舟（it's foolish to cry over spilt milk）。

（五）英汉词汇使用上的差异

英汉语言中动词、名词和介词使用频率不同。英语的名词化倾向，构成了以静态为主的语言特色，并进而产生了介词优势，使英语显得虚、静和抽象；汉语多用动词，所以显得实、动和具体。现代汉语句法的特点之一是“动词连用”，即汉语的一个句子里可按序排列出现多个动词。在英语中，一个句子只允许有一个主要动词，其他动词只能以非谓语形式或从句呈现。例如，“Xu Beihong's drawings of horses are exceptionally good. ”（徐悲鸿画马，画得特别好。）。这里英语用名词，汉语用动词。英美人在进行语言表达时，使用名词较多，动词用得少，尤其是表动作概念的抽象名词用得更多。在汉语需要动词的情况下，英语使用名词，有时，一个名词词组就相当于一个压缩了的句子，这就是英语的名词化倾向。如例句“The isolation of the rural world because of distance and the lack of transport facilities is compounded by the paucity of the information media. ”。全句 24 个词中共有 9 个名词，动词只有 1 个。由此可见，名词化现象是英语句子结构紧凑的原因之一。再比如，在表达“这本书太难了，我看不懂”时，学生通常会写出：“This book is too difficult for me to understand it. ”而很少想到用介词词组表达的句式：“The book is totally beyond/above me. ”英语倾向于使用表达同类事物的整体词语来表达具体事物或现象，用词具体细腻；汉语多用表示整体概念的词，用词概括模糊。例如，汉语中的“笑”是各种概念词，可分为咯咯地笑、嘿嘿地笑、哄堂大笑等。但英语很难用某个特定的词表示“笑”，只有 giggle、chuckle、guffaw 等属概念词。学生受汉语的影响，通常用表示概括的词加上各种副词的方式，构成“动词 + 副词（ly）”结构，比如，“走得很快”表达为“walk quickly”，“跑得很快”是“run quickly”。英语中表示各种走姿的词汇很丰富，例如，stroll，trudge，plod，march，stalk，toddle，stagger 等。此外，学生在写作时往往用一个笼统的词来描写一个具体的事物。如 That was a very wonderful movie。这一句中的 wonderful 过于笼统，不如采用 instructive 或者 moving 等较为具体的词汇更符合英语表达习惯。英语词语搭配是我国学生学英语最感棘手的地方，如果不注意英汉两种语言的差异，很容易出错。

二、英汉语言在句法上的差异

无论是单句内部还是在句群结构上，英汉两种语言的最显著差别就在于英语属形合语言，汉语属意合语言。形合语言注重时态变化、词形变化，注重运用“逻辑语法连接词语”来说明句子内部、句子之间，乃至段落之间的逻辑联系；而意合语言主要靠词序变化、上下文语境及言外事实逻辑来达到明晰思路的目的。比如：“你来，我就走。”译成英语则可能是“If you come, I’ ll go.”或者是“When you come, I'll go.”等。而使用汉语的人无须依靠逻辑联系语，只要根据不同的语境就可以理解这句话的含义。由于英语重形合，因此，常以一个主谓结构为主干，层层搭架，向外扩展成一种空间图式，王寅称之为“葡萄型”。例如，“The boy, who was crying as if his heart would break, said, when I spoke to him, that he was very hungry, because he had no food for two days.，”主句是“The boy...said...，”这短短的主干上悬挂着 5 个分句，who、as if、when、that、because 就像葡萄似的挂在主干上。这个句子译成汉语时，则是由一个个短句组成：“那个男孩哭得似乎心都碎了，当我问他时，他说已有两天没吃东西，实在是饿极了。”王寅将汉语句法这一特点比喻为“竹竿型”。英语句子是由近及远、由里向外散射式逐层扩展；汉语则是按先后顺序推移，依靠语义彼此相连，由远而近地递进展开。例如，“He had flown in just the day before from Georgia where he had spent his vacation basking in the Caucasian sun after the completion of the construction job he had been engaged in the South.”（他在南方参加一项建筑工程，任务完成后，他就上格鲁吉亚度假，享受高加索的阳光，昨天才坐飞机回来。)。可以看出英语句子与汉语句子的顺序恰好相反。由此可见，英语是以主谓结构为主干，控制句子内其他各种成分，由主到次，呈现出空间架构形式；汉语则以动词为中心，按时间先后顺序、客观事理推移，形成流水句。如果中国学生在英语写作时，很自然地写出这样的句子："He had been engaged in a construction job, and after he completed it, he went to Georgia to spend his vacation basking in the Caucasian sun, and flew back just the day before."。中国传统哲学（儒家、道家）都强调整体观点，认为世界是一个整体；在西方，哲学通常与逻辑学、自然科学相结合，比较注重逻辑分析。试比较下列汉英表达：

①我因病没参加这次英语考试。My illness prevented me from the English exam.

② 2002 年武汉发生了很大的变化。Wuhan witnessed great changes in2002.

③我记不起他的名字。His name escaped me.

中国人的思维是以人为中心，表达概念时常认为人是动词的主语。而英语民族的人的思维中更注意客观事物和现象对人的作用和影响，常用无生命的名词作为句子的主语。因此，中国学生在写作时如果不考虑英汉语言上的差异，往往会写出"汉语式"的英语句子。如：①"I was unable to take part in the English exam. 。"②"In 2002，Wuhan took place great changes. "③"I can't remember his name. "英语句子的后重也是其结构的主要特点之一。后重这个概念指重要的信息放在句末，一个句子内的信息可分为已知信息和新信息。已知信息指说话人认为或假定对方已经知道的内容，或者上文提到的内容。新信息是指说话人认为对方还不知道的内容。新信息显然是重要的信息，所以通常安排在句末。为了体现后重，在结构上应遵循"短句在前，长句在后"的原则。

三、英汉语言在语篇结构上的差异

卡普兰（Kaplan）认为东、西方语言具有不同的思维方式：使用汉语的人的思维方式是螺旋形（spirality）的，而使用英语的人的思维方式是直线形（linearization）的。思维方式不同，文章重点信息的布局各异，这就影响了信息的传递。西方人重直线思维，习惯把重要的信息放在前面首先说出来，而中国人习惯于从侧面说，阐述外围的环境，最后点出话语的信息中心。亚洲人在谈话时一般延迟话题的介绍，采用一种"亚洲归纳"式思维模式，而西方人一般在谈话开始就引出话题，采用的是"演绎模式"。英语段落的发展是趋向于直线性、推理性的；而在一些东方语言中，段落组织的发展却可称为在不停地兜圈子，即从多侧面迂回表达而不直接写明。由此，在用英语写作时，有些中国学生使用汉语的段落发展方法，却不知道这种结构很难被以英语为母语的读者所认可，这样的英语作文很可能被认为文理不通、缺乏连贯。在表达思想时，英语民族的思维更直截了当，他们习惯把要点放在前面说出，然后把次要的信息一一补进。例如：英汉两个不同国家的学生同时向美国某大学写一封申请奖学金的信，英语为本国语的学生喜欢单刀直入，在开头段便说："I would like to apply for a university scholarship. "。而中国学生大多喜欢将这句话放在中间或最后点出。再比如，在表达“看电视的坏处”时，许多学生的首段大都不写电视带来的坏处，而是先用一个段落陈述电视的好处、给人们带来的种种实惠，绕了个圈子后，再回到题目上来指出其缺点；而英文的写作规范是开门见山，直接点题。西方思维强调个人意见的表达，英文写作要求观点鲜明，符合逻辑，首尾统一。一个段落、篇章，开头以主题句点明主题，其后内容按直线展开，层层深入，辅助句紧扣中心思想。段落的线性发展围绕主题展开，先陈述中心意思，后分点论证说明，使主题句的内容展开，并为后面的内容做好铺垫。英语的段落是文章的缩影，无论哪一种体裁的文章，每一段落都包含了一篇文章所包含的全部要件：①首句或尾句点明主题，这是英美读者所期待的交流方式；②将该主题细分成一系列小论点；③用具体例子和阐述支持各个小论点；④发展中心论点，并把该论点与其他论点联系起来；⑤运用该中心论点与其他论点的关系，对事物进行说明，得出结论或引出新论点。而汉语由于受到思维模式的限制，反映在语言上，习惯于绕圈子，常常先避开主题，从宽泛的时间和空间入手，从整体到局部，从大到小，由远及近；往往把主要内容或关键问题保留到最后或含而不露。这种从次要到主要、从相关信息到中心话题的话语组织模式是逐步达到高潮的渐进式模式。再就是不论词句还是篇章，形态标志都不明显，语句之间靠一种隐藏的、内在的句法或逻辑关系来相互衔接，注重意义上的连贯，表现在写作上是作者结尾结论化倾向，即由作者出面给出结论，它是语篇结束的标志。仍以“看电视的坏处”为例，不少学生在结尾发出了“让我们充分利用电视的好处，克服看电视带来的坏处”的呼吁，符合汉语“合”的模式。英语强调“物我分离”，其思维强调客观、公正。写作追求最大限度的客观性，使读者确信作者并未掺杂个人观点为目标。英语写作往往摆出大量的事实数据，让读者得出自己的结论，其文章往往呈现无结论化倾向。比如，在一篇题目为 Making our city greener 的文章中，中国学生在结尾处喜欢喊口号，发出强烈的呼吁，如：Let's join hands and take some efficient and urgent measures to make our city greener and greener. 或者用 You should make your effort to make our city greener. Just do it from now on. 等等。实际上，这样的口号式结尾不但没有力量，反而削弱了文章的表现力。更好的英文表达是“Urgent and efficient measures should be taken to stop environment pollution and make our city a more comfort place to livein. ”。

四、中西思维模式差异对篇章的影响

语篇组织规律与其特定的思维模式紧密相关，有什么样的思维模式，就会有什么样的语篇组织结构。因此，由于中西思维模式的巨大差异，汉语、英语语篇的组织结构也存在很大的不同。英语语篇的结构往往呈直线形，而汉语语篇的结构呈螺旋形。从总体上来说，汉语语篇结构的主要模式通常由“起”“承”“转”“合”四部分组成；英语语篇结构的主要模式一般都由三个部分组成：开头、主体和结尾。与正文比较，引文和结束语都比较短，但是它们在文章中起着非常重要的作用。为使文章在一开始就能够吸引读者的注意，引起读者的兴趣，并使文章的结尾能给读者留下一个深刻的印象，作者要想办法在引言和结束语上下功夫。下面就汉英语篇结构之异同进行对比。

（一）篇章的开头

受整体思维的影响，汉语语篇的结构往往呈螺旋形。在篇章开头上的具体表现是：中国人在写作时，一般不开门见山地接触主题，正像人们日常说话中不直截了当说明来意一样，立题的切入点比较宏观。文章的开头往往较多地从宽泛的时空入手，从整体到局部，从大到小，由远及近。东方人由于偏重于分析式思维，思考问题往往习惯从局部到整体，由小到大。所以在写作过程中，立题的切入点则是先从局部入手。另外，英语语篇的一个突出特点就是作者首先旗帜鲜明地提出自己的观点、想法，即开门见山，点破主题，以此吸引听者和读者的注意力，文章的开始起到一种指向的作用。引言是文章的开头部分，在较短的文章中，引言可能就是一句话，在稍长的文章中可能是一个段落。引言规定全篇的内容，对作者和读者都非常重要。对于作者来说，一个好的引言可以表达文章的中心思想，能够使作者紧扣主题并使文章结构严谨。对于读者来说，一个好的引言可使他紧紧地把握作者的思路，对全篇内容有一个概括的了解。例如，“As the pace of life continues to increase，we are fast losing the art of relaxation. Once you are in the habit of rushing through life, being on the go from morning till night, it is hard to slow down. But relaxation is essential for a healthy mind and body. ”。从这个引言中，读者可以了解两个重要的信息。第一是文章的主题“relaxation is essential for a healthy mind and body”；第二，读者通过对主题的理解，可以得知在正文中作者将用列举的方式来说明为什么休闲放松对保持身心健康是必要的。

（二）篇章的发展

汉语螺旋形的语篇结构在篇章发展中的具体反映就是以一种反复而又发展

的螺旋形式把主题思想加以展开。作者不是直接论证段落主题，而是在主题外围“团团转”，从各种间接角度来说明问题，前述的内容可能会在后面以各种方式重新提及，进行更进一步的剖析，从而达到进一步烘托主题思想的目的。因此，汉语的每一个段落中往往缺乏一个明确的主题句，作者往往不直接言明其观点，只是用句子构造出观点或意象，为读者提供理解或领悟的材料。所表达的思想往往是一种意识流，行文如同流水，自然流动，丝毫不像英语文章那样受一定格式的束缚。文章的主题往往靠读者自己总结或领悟出来。句与句、段与段之间也缺少一些显性的逻辑连接手段，跳跃式的思维致使中文的段落、篇章显得结构松散，逻辑联系不很明显。中国传统思维强调“合一”，对客观事物的认识往往是从主体自身出发，自身内心体验是一切认识的出发点，而不是从客体的本身去反映客体。因而，中国人喜欢带着感情色彩看问题，在对客观事物的阐释上主观色彩浓厚。这种思维倾向，使得学生在英语写作中注重在事件之外进行描写，过分描述自己的感受与体验，而缺乏严密的逻辑推理和充分的论据来支持自己的观点。作者或大量地引经据典，以“权威”之论为依据，以种种方式不断重复同一命题；或是“开篇说明—历史回顾—现状解释—道德鞭策”，这种论述方式是只有论断而无论据，不是用逻辑推理论证个人观点，而是用大量的文学典故、比喻性语言，包括许许多多由汉语译成英语的习语套话，这种使用汉语的思维方式而写出的“中国式”的英语作文，往往无法被以英语为母语的西方读者所理解。因此，中国学生英语作文典型的通病是主观断言性太强，缺乏相应的客观的证据与必要的逻辑推理。此外，辩证思维使得中国人对事物、现象、观点等的态度也是一分为二的，对于一个问题，典型的中国论断是：“甲是正确的，而乙么，也不错。”讲究协调公正，不会像西方人那样下“非此即彼”的结论，对任何人、任何事有着鲜明的个人观点和态度。以上这些语篇特点充分反映了中国人的思维模式。正如马秉义所说：“汉语行文是曲线运动，所以文以曲为贵，曲径通幽……曲折多了，才能把矛盾的各个方面都展示出来，分析全面，说理透彻。”因而汉语的段落是文章的一个组成部分，是整个链条上的环节，而不像英语段落那样是文章的缩影。由于西方人更偏向于逻辑、分析、抽象的思维模式，反映在篇章结构上，英语的语篇呈直线形，内容多围绕一根主线展开。在篇章的发展过程中，其主体往往由若干段落组成，而每一段落只有一个与主题相关的要点即段落的主题句开头，使读者明了每个段落的要点，段中各支持句紧紧围绕主题，层层展开论证或支持主题句，最后总结出一个符合逻辑推理的结论句。因此，英语段落的篇章结构的特点是：首先，它强调段落必须是一个完整的统一体；其次，表达的思想必须做到与语义直接相关；同时，段落语句、语义必须用一定连接手段按照一定的顺序，合乎逻辑地连接起来，形成一个直线流动的实体。由此看出，英语语篇的线性结构体现在一根主线贯穿全篇，而每一段落又有各自相应的发展主线。这种重组织、重形式、重理性和层次感强的直线式语篇模式是英美人思维模式的自然体现。另外，西方人在思维模式上有一种重理性、重分析、重形式完备的鲜明特征。体现在语篇上则是：段落展开过程中注重对抽象概念的分析和明确的定义，语篇之中常罗列大量的事实、数据，以事实和数据为依据展开，让事实自己说话，并按形式逻辑直线推理，用以证明其概念的精确性。最后，由于西方人主张主客对立，把统一的世界分成两个截然不同的世界，而且注重内在的差别和对立，进行“非此即彼”式的推理判断，因此他们对于问题的态度往往是：要么 yes，要么 no，一清二楚。

（三）篇章的结尾

汉英语篇的结尾也存在着显著的差异。汉语语篇的“合”一般是对主题的进一步展开，起到对主题思想画龙点睛的作用，往往是语篇的高潮。但有时主题思想也含而不露，全在个人领悟。体现在学生的作文中就是文章的结尾主观性较强，很多学生偏好口号式、语录式的结尾形式，往往不是读者根据事实得出结论，而是作者给出结论；或者作者含而不露，引而不发，把主题思想以问题的形式抛给读者，让读者去体会作者的言下之意。英语语篇结尾常常会总结主体段落的要点，回应文章中的主题和支配思想，以便给读者留下关于主题的最后印象。因此，英语语篇结尾的常见形式为：以概括要点的形式定局，以重述主题的形式再次点题或者二者结合，例如美国著名非裔女性国会议员雪莉·奇斯霍尔姆（Shirley Chisholm）写过一篇文章，抨击社会对女性的歧视，主张男女平等，特别是政治上的平等。文章是这样结尾的：

It is women who can bring empathy, insight, patience and persistence to government the qualities we naturally have or have to develop because of our suppression by men. The women of a nation mold its morals. Its religion, and its politics by the lives they live. At present, our country needs woman's idealism and determination, perhaps more in politics than anywhere else.

在结尾段中，作者总结了全文的要点，又对讨论的问题作出了个人的结论，这样就使读者对文章有一个非常清晰的总体把握。在文章的结束语中，作者常常用非常精练的语言对自己的观点进行归纳，对一个问题发表看法。或者得出自己的结论，或者对一个故事的意义进行提炼。

在地方院校大学英语写作教学中，除了语言知识内容的教学之外，还应注意两种语言的不同思维方式，加强思维训练。思维决定和支配着语言，许多语言现象的探究必须从思维与语言的关系入手。这就要求英语老师必须熟悉英语词汇的内涵和外延，包括其文化意义。在进行英语词汇教学中着重进行英汉词汇差异的对比讲解，帮助学生掌握好英语的语义、用法，使学生逐渐适应英语思维习惯和语言习惯。另外一方面就是提高他们对英语思维特点的认识，对他们进行思维方式的训练，提高他们在写作中自觉运用英语思维方式的意识，引导学生的学习策略，既要让学生通过大量接触英语范文增强英语语感，增加隐性知识，又要让他们摆脱机械模仿的习惯，提高语言思维的精确性、用词的具体性、句型结构的多样性等方面的语言能力，排除母语语言习惯对英文写作的干扰，尤其要避免学生直接把汉语语言模式移植进英文，写出一些语言形式是英文而表达模式仍旧是汉语的作文。

第二章　用词技巧

第一节　词语类型

一、英语词汇分类

词汇的起源，我们已经了解最初创造的英文字母都是对具体事物或具体事物特征的描述，属于象形文字的范畴。例如，字母 A 描画的是牛头或牛角，B 描画的是房子的外观，C 描画的是骆驼的头颈轮廓，D 描画的是门的外形，等等。随着历史发展到一定阶段，英文字母逐渐发展成线条状，其所指称的事物也由最初的单个事物发展到指称具有类似特征的事物，英文字母的外延扩大了。

根据英语单词通过字母表意的不同方式，我们可以归纳总结出英语词汇大致也可以分成象形词汇、表意词汇、拟声词汇和只具有语法意义的功能词汇。

（一）象形词汇

英语词汇中的象形词汇是通过多个（或所有）字母描画事物的轮廓或特征，例如：sky 在古英语里的意思是天空中的云彩，后泛指天空，这里字母 s 和 k 分别描绘云彩的不同的形状；zoo 用字母 z 描画动物园的曲折小路，用 o 描述动物所在的区域是封闭的；tree 用字母 t 作树根，r 作树干，e 作树叶，一棵树就画出来了。

（二）表意词汇

表意词汇指的是通过个别字母或字母组合把含义表达出来，合成新的意义，在英语语言中多以会意和形声两种形式呈现。例如：bank，当字母 b 单独表意的时候，我们从古代字母的含义中了解到，b 代表房屋，泛指各种带有储藏功能的库房，因此，bank 的意思就是银行，这样就直接把词汇的意思表现出来了；learn 字母 l 代表木棍或鞭子，引申为用木棍查找、搜寻，所以 learn 的含义虽然是学习但也是初级的、查找性的学习行为；study 的含义就是研究性学习，即长时间专注于研究，就可以一目了然，也可以和单词 learn 区别开来。

（三）拟声词汇

语言的文化传递性，指语言系统必须通过学习才能获得。尽管人类语言能力需要一定的生物基础，但语言不以生物基因方式传递。人们学习语言是文化现象而不是生物现象。

随着语言学研究的发展，对语言的构成要素，如语音、句法、语义、语用等领域的研究都有了长足的进步，但是对于语言产生的研究还停留在假说阶段，如摹声说、感叹说、劳动叫喊说等。摹声说认为，语言起源于对外界声音的模仿，如英语中的 cuckoo（布谷鸟）类似于布谷鸟的叫声，即语言中的拟声词汇。感叹说认为，语言起源于原始人因各种感受而产生的感叹。

英语中有些词汇是通过字母模仿各种声音，这类词汇我们称之为拟声词汇。拟声词汇主要包括基本拟声词汇和次要拟声词汇（也叫作抽象拟声词汇）两种形式。

1. 基本拟声词汇

基本拟声词汇指的是声音和含义相似，引起音与音之间的联想，多指自然界存在的各种声音，如动物的叫声 buzz（嗡嗡声），yelp（吠，叫喊），bleat（咩咩声，小羊的叫声），mew（猫的叫声），bellow（牛、大象的叫声），hiss（嘶嘶声）等。

2. 次要拟声词汇

次要拟声词汇，也称抽象拟声词汇，指的是音与某种象征意义发生联想。次要拟声词汇通过各种方式与其象征意义发生抽象的联系。次要拟声通过隐喻等方式表达其象征的含义，如 sniff（吸气声）、a sniff of perfume（一阵香水味）、sleeping in snatches（小睡一会儿）。次要拟声也可以通过单词中的某些字母组合表达其象征的含义，例如：词根 sl- 表示“滑”，slide（滑行）象征溜走、潜行的动作，slip（滑动）象征逐渐地、流利地或不宜被发觉地通过；字母组合 -ump 表示各种圆形体或凸起，dump（堆存处）引申为将物质从容器或车辆中倒空，hump（驼峰）引申为各种拱形。

（四）功能词汇

功能词汇，也叫作语法词汇，多指事的形式出现。尽管功能词汇失去具体所指，但却保留了其语法意义。例如，介词 in、of、on、out、without；代词 you、he、she、one、this、which、that；限定词 a、the、some、any、no：连词 and、because、but、when、if；助动词 do、may、can、will、must。功能词汇的造词根据因其具体所指缺失，这些词汇是如何通过字母表意的，已经难以确定，但我们仍然可以从个别词汇中找到蛛丝马迹。例如，字母 w 原本描述水的波纹，后引申为具有波纹形状特征的时间的流逝、人的抽象思维，我们可以在 want、wish、wait、week、work、watch 等词汇中找到证据。由此我们可以确定 what、who、when、how、why、which 等词汇都明确指出字母 w 在这里指的是人们的不确定的思维。

二、英语单词分类

英语动词中的一些最常用的词大多数是本族词，如 live（生活）、work（工作）、come（来）、go（去）、run（跑步）、drive（驾驶）、eat（吃）、drink（喝）、look（看）、see（看见）、hear（听到）、feel（感到）、help（帮助）、send（送）、buy（买）等一些表示人们最基本行为和动作的单词都是本族语。

除动词外，一些常用的名词，例如，表示自然的名词 sun（太阳）、moon（月亮）、earth（地球）、air（空气）、rain（雨）、snow（雪）、wind（风）、water（水），表示时间的名词 day（日）、month（月）、year（年），表示食品的名词：food（食物）、fish（鱼）、meat（肉），表示亲属关系的名词 brother（兄弟）、sister（姐妹）、father（父亲）、mother（母亲），以及一些常用的形容词，如 big（大）、small（小）、long（长）、short（短）、black（黑）、white（白）、dark（暗）、light（亮）、few（少）、much（多）、new（新）、old（老）、glad（高兴）、sorry（抱歉）、wise（聪明）等也都是本族词。

英语本族词所使用的频率最高，生命力也最强。这些词大多数都是单音节词。单音节词的读音和记忆都是有规律可循的，英语外来词指一些源于其他语言的词。其中，不仅有来源于拉丁语的词，如 wine（葡萄酒）、cup（酒杯）、school（学校）、chalk（粉笔），而且还有来自希腊语的词，如 technology（技术），还有来自丹麦话的词，如 cake（蛋糕）、knife（刀）。此外，有的词还来自东方语言，如 tea（茶）、jiaozi（饺子）、tofu（豆腐）等来自中国，sushi（寿司）来自日本。

英语词汇中还有不少单词来自法语。由于历史的原因使用法语的诺曼贵族曾统治英国百余年，所以法语对英语词汇有很大的影响。法语单词进入英语词汇约有 1 600 多条，其中 7 % 流传至今。英语中有关政府行政管理宗教事务和法律方面的词大部分都来自法语，例如：administer（管理）、authority（权力）、empire（帝国）、government（政府）、oppress（压迫）、tax（税）、religion（宗教）、judge（法官）、justice（正义）、punishment（处罚）等。另外，军事方面也有不少的单词，例如：army（军队），enemy（敌人）、battle（战役）、guard（卫兵）、peace（和平）、soldier（士兵）等。还有生活方面的一些单词，例如：coat

（上衣）、dress（服装）、fashion（流行式样）、fur（皮毛）、habit（习惯）等，都来自法语。

记英语单词时，不仅要注意学会使用和归纳最常用的本族词语，同时也应了解外来语以及一些单词的来源，学会使用和记忆外来词语。

（一）英语单调的种类

英文单词可根据其有无实在意义分为两类：实词（notional word）和虚词（functional word）。实词（notional word）表示实在意义，有名词（noun）、动词（verb）、形容词（adjective）、数词（numeral）、代词（pronoun）等。虚词（functional word）不表示实在意义但带有语法意义，有副词（adverb）、介词（preposition）、连词（conjunction）、助词（auxiliary word）、冠词（article）、叹词（Interjection）、拟声词（onomatopoeic）等。

1. 虚词

虚词里面的“虚”与实词中的“实”相对立，虚词没有实际意义，不能单独作句子的成分，分为冠词、连词、介词和感叹词等。而且，虚词没有词形的变化。

（1）冠词

冠词是虚词中的一种，不能单独使用，用在名词的前面，帮助说明名词的含义。冠词表示主语数量或者特征，有定冠词“the”和不定冠词“a、an”和零冠词之分。

定冠词“the”用来修饰特定的、具体的名词。

①用以特指某（些）人或某（些）事物。

This is the house where Li Ming once lived。

这是李明曾经住过的房子。

②用于指谈话双方都明确所指的人或事物

Open the door, please.

请把门打开。

③用以复述上文提过的人或事物（第一次提到用“a 或 an”，以后再次提到用“the”）。

Once there lived a lion in the forest. Every day the lion asked small animals to look for food for him.

从前森林里住着一只狮子。每天这只狮子要小动物们为它寻找食物。

④用在序数词和形容词最高级前。

January is the first month of the year.

一月份是一年当中的第一个月。

⑤表示世界上独一无二的人或事物。

The earth goes around the sun.

地球绕着太阳转。

⑥用在乐器前面。

I play the piano every day.

我每天都弹钢琴。

⑦用于姓氏的复数前。

The Greens will go abroad next week.

下周格林一家要出国。

The Smiths live in New York.

史密斯一家住在纽约。

⑧用于江、河、海、山等前。

The Huanghe River is China's second longest river.

黄河是中国第二大长河。

It is said the West Lake is beautiful.

据说西湖很美。

⑨表示方位或者方向。

The sun rises in the east.

太阳从东方升起。

All vehicles should keep to the right.

所有车辆都应靠右行驶。

⑩用于某些习惯短语中。

in the morning 早上；at the beginning 开始；go to the concert 去音乐会；in the daytime 白天。

不定冠词用来修饰不明确的、泛指的名词。其中 a 用于辅音音素开头的名词前，an 用于元音音素开头的名词前。

①泛指某一类人或物中的任何一个。

This paper was written by a student.

这篇论文是一个学生写的。

A bird has wings.

鸟有翅膀。

②笼统指某类中的某一个，但又不具体说明指哪一个。

Somebody calls a policeman.

有人报警了。

He caught a thief.

他抓了一个小偷。

③表示数量一。

I buy a bottle of water.

我买了一瓶水。

④表示“相同的”。

Sarah and Luke are of an age.

莎拉和卢克同岁。

⑤表示“每一”的意思。

We go swimming four times a week.

我们每周去游泳四次。

⑥表示“某一个”的意思。

A gentleman wants to see you.

有一位先生要见你。

⑦用在作表语的单数可数名词前，表示身份、职业。

My father is a teacher.

我爸爸是教师。

⑧某些固定的习惯性的表达中。

in a word 总而言之；have a cold 感冒；a lot of 许多；take a walk 散步；a dozen 一打（也可以用 one dozen）；make an appearance 出现、现身；come to an end 结束、完结。

零冠词用在表示抽象意义的不可数名词和可数名词前；此外，专有名词和表示职位、头衔等的名词前面也使用零冠词。

例如：

语言和国籍的名称：Chinese、English、Spanish。

体育运动的名称：volleyball、hockey、baseball。

学科的名称：mathematics、biology、history、computer、science。

星期：Monday、Tuesday、Wednesday、Thursday、Friday、Saturday、Sunday。

月份：January、February、April、May、June、July、August、September、October、November、December。

表示职位、头衔：Professor Lee、Doctor Brown。

大陆的名字：Asia、Europe。

湖泊的名称：Lake Titicaca、Lake Erie。

（2）连词

连词是连接词、短语或句子的一种虚词。英语的连词可以根据外部形态、内部组合结构、意义及功能为标准进行分类。在英译汉时，有些连词在很多情况下是可以不用翻译的，特别是在一些句子里只是起到了连接作用而本身并无意义的连词。也有一些连词在句子中除起连接作用外，本身也具有一定的含义，特别是连接一些连词短语，具有很强的含义，省略不翻译就会影响对句子的理解，这就要求必须翻译。

①英语连词的形态类型。

a. -ing 连词和 -ed 连词：这类连词是由 -ing 动词与 -ed 动词转化而来的。

例 l:Seeing that he is ill, we'd better put off the meeting.

译文：既然他病了，我们最好把会议推迟吧。

例 2：Supposing it rains, what shall we do?

译文：假使天下雨，我们将怎么办呢？

例 3：Considering that he is very old, we should give him more help.

译文：鉴于他已上了年纪，我们应当多给他提供帮助。

例 4：I'll come provided, providing that you let me know in good time.

译文：你若及时通知，我是会来的。

b. 综合连词，这类连词缺乏统一的形态标志。

例如：I was thinking of this when, I heard my name called.

译文：正想着这些的时候，我听到老师叫我的名字。

②英语连词的结构类型

简单连词：这类连词在结构上是一个整体，不能分割。

例 1：I found your coat after you had left the house.

译文：在你走之后，我找到你了的大衣。

例 2：Once you show any fear, he will attack you.

译文：你一旦显示出恐惧的迹象，他就会向你进攻。

c. 合成连词：这类连词由两个或两个以上的词复合而成，书写时连在一起。

例 1：There was no news，nevertheless, she went on hoping.

译文：没有消息，然而她却在继续期望。

例 2：In one's own home one can act however one wishes.

译文：在自己的家里，一个人可以随心所欲干自己想干的事情。

d. 短语连词：这类连词由两个或两个以上的词构成，形式上像一个短语，词与词之间要分开写，但在功能上却只相当于一个词。

例 1：As soon as he got there, he made a speech at once.

译文：他一到那儿，便马上做了一次演讲。

例 2：Now that you married Alice, you should try your best to be a good husband.

译文：既然你娶了爱丽丝，你就应该尽力做一个好丈夫。

例 3：I'll lend you the camera on condition（that）you return to me by Sunday.

译文：只要你能在星期天之前把照相机还给我，我就把它借给你。

e. 关联词：这类连词由前后两部分构成，前后相互关联，表示某种逻辑意义。

例 1：Not only was everything he had taken away from, but also his German citizenship.

译文：不仅他所有的一切都被没收了，而且他的德国公民权也被剥夺了。

例 2：Either you are mad, or I am.

译文：不是你疯了，就是我疯了。

③英语连词的功能类型。

a. 并列连词：连接具有并列关系的词、短语和句子的连词。

例如：We offered them food and spoke to them kindly but they remained motionless.

译文：我们把食物拿给他们，和蔼地和他们说话，但是他们却站在那儿一动也不动。

b. 从属连词：这类连词用于引导状语从句与名词性从句。

例 1：We tramped through the wood for over two hours until we arrived at a deep stream.

译文：我们在树林里走了两个多小时，来到了一条深深的小溪旁。

例 2：Last spring my wife suggested that I call in a man to look at our lawn-mower.

译文：去年春天，我的妻子要我请一名工人来修理一下我们的割草机。

（3）介词

介词，又叫前置词，是一种用来表示词与词、词与句之间的关系的虚词，在句中不能单独作句子成分。介词后面一般有名词、代词或相当于名词的其他词类、语句或从句作它的宾语。介词和它的宾语构成介词词组，在句中作状语、表语、补语或介词宾语。介词虽然是虚词，但在英语中起着十分重要的作用，有些语言学家认为："英语是介词的语言。"介词与动词、形容词、名词等搭配起来，可以产生千变万化的语意，所以介词的搭配直接反映出一个人的英语基本功。

介词按其构成可分为：简单介词（如 in、on、with、by、for、at 等）、合成介词（如 into、within、throughout、inside、outside 等）、重叠介词（如 from among、from behind、until after、at、about、after about 等）以及介词短语（如 according to、because of、by means of、in addition to、in front of、in spite of、into 等）。从本身的意义来看，介词可以分成以下几类：表示时间的介词、表示地点的介词、表示方式的介词、表示原因的介词、表示关于的介词、表示比较的介词、表示除外的介词、表示条件的介词、表示结果的介词和表示对于的介词等。

介词是英语中最活跃的词类。英语中介词搭配能力强，含义与用法错综变化。大多数介词用在不同的地方、与不同的词搭配时所表示的意思截然不同。它们含义灵活，一词多义、多用，与汉语有很大不同，这就给翻译工作带来很大麻烦。除了一些常用短语已有固定译法以外，大量介词需要从其基本意义出发，联系上下文，用符合汉语习惯的方式加以灵活处理，将介词所含的特定意义准确地表达出来。下面简明地介绍几种基本译法。

①转译。

在翻译介词时，应根据汉语的习惯表达方式做些必要的词性转换，使译文既通顺又与原文内涵等同。"介词是弱化的动词"，英语中常用介词来表达动作意义，汉译时一般将介词转译成动词，偶尔也可转译成连接词、形容词和副词。

在作表语的介词短语中，介词常转译为动词，而连系动词则省略不译。

例如：If your price is in line, we'll send you an order for 5 000 sets.

译文：如贵方价格符合市价，我们将订购 5000 台。

在作目的或原因状语的介词短语中，介词有时转译成动词。

例如：Warm-blooded creatures do not need to depend on the sun for body heat.

译文：恒温动物不需要依靠太阳来保持体温。

在做条件、方式或方法状语的介词短语中，介词有时转译成动词。

例如：We pack our shirts in plastic lined, waterproof cartons. reinforced with metal strap.

译文：我们的衬衫用内有塑料作衬的防水纸箱包装，外用金属带加固。

介词短语作补足语时，其中介词常转译成动词。

例如：Heat sets these particles in random motion.

译文：热量使这些粒子作随机运动。

②增译。

英语介词表达的意义十分丰富，有时为了使全句意义能充分地表达出来，在汉译时需要针对英语介词的丰富内涵增加词语，根据文章的上下文，把隐含的意义表达出来，使译文更符合汉语的表达习惯，更加生动完整。增词不是无中生有，而是要根据上下文特别是与介词搭配的动词或形容词的含义恰当地增加词语。有不少情况，句中与介词搭配的动词或形容词不出现，如按照原文结构翻译无法把意思表达清楚，甚至易于误解，这时就需要增词。

例 1：That's all there is to it.

译文：那就是与此有关的全部内容。（to=related to）

例 2：The engineer was taken ill with consumption. It was flour on the lungs, the doctor told him at the time.

译文：这个工程师得了肺病。那是由于面粉对肺部的影响，当时医生这样对他说。（on=effect）

③分译。

介词短语作定语时，往往是定语从句的一种简略形式。介词短语作状语时，有时是状语从句的简略形式。有些介词短语还是并列句的简略形式。因此，汉译时，有的可以拆句分译。

译成并列分句。

例如：The porous wall acts as a kind of seine for separating molecules.

译文：多孔壁的作用就像一把筛子，它把不同质量的分子分开。

译成让步分句。

例如：With all its disadvantages this design is considered to be one of the best.

译文：这个设计尽管有种种缺点，但仍被认为是最佳设计之一。

译成真实或虚拟条件分句。

例如：Man's warm blood makes it difficult for him to live long in the sea without some kind of warmth.

译文：人的血液是热的，如果得不到一定的热量，人就难以长期在海水中生活。

译成原因分句。

例如：We cannot see it clearly for the fog.

译文：由于有雾，我们看不清它。

④不译。

不译或者省译是在确切表达原文内容的前提下，为使译文简练，表意清楚，合乎汉语规范，而省略某些介词。英语的介词搭配能力很强，其含义与用法复杂，与汉语有很大区别。在译成汉语时应遵循汉语的习惯。省略介词的翻译，仍能完整地表达原文内涵的做法，不但译文精练，而且顺达其义。根据汉语表达习惯和需要，英语中许多介词在汉译时可以省略不译。

例如：Heat and light are given off by the chemical reaction.

译文：化学反应可产生热和光。

（4）感叹词

感叹词普遍存在于英语语言中，它是一种插入性成分，独立于句法结构之外，是以模拟人类自己的声音，表示人类自身情感为主的词类。无论是在日常语言还是在文学作品当中，都少不了感叹词。它可以使平淡的描述生动起来，使人的情感得以渲染和丰富。英语常见的感叹词有 ah、oh、yeah 等。由此可见英语感叹词的使用是情感能力的体现。对于中国的英语学习者而言，要提高交际能力，学习感叹词的各种功能是必不可少的。下面将主要从定义、分类和常用词三个方面介绍英语感叹词。

①英语感叹词的定义。

英语感叹词（interjections）长时间以来一直被当作虚词对待，长期得不到重视。英语感叹词的定义长久以来也存在很大的分歧。一派认为英语感叹词并不是语言本身的一部分，只是情感表现的一种形式，不具有句法特征。而另一派认为英语感叹词具有语义特征，是语言本身的一部分，它们可以单独成句，是完整的话语。把两种方法结合起来，认为英语感叹词既是 showing 又是 saying，也就是既直接表现喜怒哀乐等情感又因其具有语法特征而具有行事能力。例如，Jenny 送一份礼物给 Lily，Lily 看到后发出“Wow”，这一声既是 Lily 兴奋喜悦之情的表现，同时也是 Lily 在对 Jenny 说“Thank you”。这一整体观得到很多学者的赞同，日益成为目前的主流观点。

②英语感叹词的分类。

感叹词分为两大类：基本的（primary）和次要的（secondary）。前者指的是诸如 pooh、pish、oh 等独立的、除用作感叹词外别无他用的词；后者指的是诸如 well、dear me 等属于普通语言的词。根据说话者所要表达的不同心理状态，把感叹词细分为三类：情感叹词，表达喜欢、赞叹或厌恶、鄙夷等情感或态度；意愿叹词，表达说话者的意志或愿望；认知叹词，表达说话人对某件事的领会、了解或醒悟等。

③常用的感叹词。

感叹词是用来表示喜怒哀乐等感情或情绪的词，属于虚词，没有实际意义，因此不能在句子中做成分。常用的感叹词有：表示惊喜、高兴、同意的 ah（啊）、aha（啊哈）、bravo（好样的）；表示惊奇、恐惧、痛苦的 o（啊）、oh（啊）；表示鄙视的 bah（呸）、pshaw（哼）；表示欢呼的 hurrah（乌拉）。

例 1：Aha！ Now I understand！

译文：啊哈！现在我终于明白了！

例 2：Bah！ What a mess！

译文：呸！多乱啊！

2. 实词

实词有实在意义，能够单独回答问题。实词可分为：名词、动词、形容词、代词等。

（1）名词

名词是在句中作主语、补语以及动词和介词宾语的词汇，表人、物的名称，也表抽象行为等含义。英语和汉语中都有名词，翻译也相对较为简单。但是，英语中的名词有性、格、数的区别。例如，actor 指“男演员”，actress 指“女演员”，指多个演员时要在词尾加“es”，其所有格为 actor's 或 actress'。而且英语中有些名词的单、复数含意会有所不同，如 custom 指“习俗”，而复数形式“customs”还可指“海关”。这样的例子数不胜数，所以翻译时要搞清楚文中英语名词的精确词义，以免误译。

当一个通常情况下的不可数名词用作可数名词时，它必然有其特殊的含义，我们应该根据上下文去判断该名词是否由指代明确的专有名词变为了普通的个体名词，或由指代抽象概念的抽象名词转换成了指代具体事物的一般名词，或由指代物质原材料的原材料名词转变成了具体或该类材料中不同种类的材料名词，或由指代种类的类属名词转变成了该类物品中的具体物品。因此，它已从一个不计数或难以计数的不可数名词转变成了需要计数且易于计数的可数名词。当一个普通的“个体（有形）名词”不带限定词，且又不以复数形式出现在主语或宾语位置时，一般情况下我们应当认定它已经转化为原材料名词、类属名词或抽象名词，即由可数名词变成了不可数名词。

修饰名词的限定词介绍如下。

①只能修饰可数名词的限定词，其谓语部分常用复数。

many、a number of、several、both、a couple of、few（fewer-fewest）

②只能修饰不可数名词的限定词，其谓语部分常用单数。

much、a great deal of、a large amount of、little（less-least）

③既能修饰可数名词又能修饰不可数名词的限定词，其谓语单复数视具体情况而定。

a lot of、lots of、plenty of、some、most、all

All of us are going to see the game.

All of his time was spent on gambling.

Three fourths of the people are illiterate.

④下列不定代词短语修饰名词时，谓语动词的数取决于该名词的单复数。

plenty of、one fourth of、none of、some of、percent of、the rest of、reminder of、most of、all of、some of、many of、much of

Most of the books are interesting.

Some of this nervousness is exaggerated.

（2）动词

作为一种词类，动词用于描述一个动作或事件的发生或者表明一种存在状态。动词主要有两大类，数量巨大且具有开放性的实义动词（这些动词不依赖其他动词而存在）和数量有限的封闭性的助动词。助动词又分两类，主要助动词（primary auxiliaries），如 be、have、do；情态助动词（modal auxiliaries），如 can、could、may、might、must、ought、shall、should、will、would。动词主要做句子的谓语，而且有时（tense）、语气（mood）、体（aspect）、数（number）、人称（person）和语态（voice）的变化。

在任何语言中，动词都是最重要的词类。英语的动词有限定性动词与非限定性动词之分。限定性动词作句子的谓语，并被主语所限定，故有人称和数的变化。非限定性动词有动词不定式、动名词和分词三种，在句子中不能单独作谓语，故不被主语所限定，谈不上人称和数的变化，但是可以有自己的逻辑主语或宾语，存在有限的时态变化。动词在语言中使用频率之高足以引起我们对英语动词的翻译规律和方法的重视。

动词和某些介词或副词用在一起，构成固定词组，也就是短语动词。和动词一样，短语动词有及物动词和不及物动词之分，有些动词可作及物动词，有些动词可作不及物动词，而有些动词既可作及物动词也可作不及物动词。短语动词的词义不能从其本身的词义来推断，必须将短语动词作为一个整体掌握。

He ran across（偶然遇见）an old friend the other day.

The baby tried to walk but then gave up（放弃）.

Was that a true story or did someone make it up（编造）?

The firm（公司）decided to do away with（废除）the old rules.

①动词 + 介词（+ 宾语）（介词用法精解“动词 + 介词搭配规律”及“动词”+“介词”）这种结构中的有些短语动词可用于被动语态。

Thieves broke in（破门而入）Mrs. Green's shop at night twice in one month.

The shop was broken in（破门而入）.

He is just getting over（恢复健康）a bad heart attack.

No matter what happens I'll stay by（支持）you.

②动词 +（宾语）+ 副词，在这种结构中必须注意：宾语为代词 it/them 时，必须位于谓语动词和副词之间；宾语为名词时，位置比较灵活；宾语较长时，通常放在副词后面；用于被动语态时，谓语动词与副词不能分开。

What brought it about（造成、导致）?

Nobody is sure what brought the crisis about/brought about the crisis.

Nobody is sure what brought about the change of the plan.

The crisis was brought about by a change in the plan.

——Did your boss turn your plan down（拒绝）?

——Yes, it was turned down.

③动词 + 副词，这种结构中的短语动词不可用于被动语态。

Don't talk back（回嘴）when I am speaking to you.

You can't win the game, so you may as well give in.（不妨让步）

④动词 + 副词 + 介词（+ 宾语）。

We've run out of（用完）water.

I took yesterday afternoon off, so I'm working this evening to make up for（弥补）it.

（3）形容词

形容词是表示人和事物性质、特征和属性的词，从大的方向来看，形容词可分为性质形容词和叙述形容词。直接说明人或事物的性质变化的是性质形容词。他们在句子中可作定语、表语和补足语，并且有比较级和最高级形式，如 beautiful（漂亮的）、high（高大的）、warm（温暖的）等。还有一种叫作叙述形容词，它们只能作表语，不能作定语，因此也叫作表语形容词，而这一类词是没有比较级和最高级变化的。例如，alive（活着的）、asleep（睡着的）、awake（醒着的）等。英语形容词一般说来，可以既作定语用又作表语用，但有一部分或者只能作定语，或者只能作表语。从英汉对比的角度来看，汉语里没有这种说法，稍不注意就会出错。例如：able（能干的），于是就会把"他很能干。"说成"He is very able. "。这就错了，因为 able 只能作定语，不能作表语。这一句只能说成"He is an able man."或"He is very capable. "。

①有的形容词作表语与作定语时，词义不一样。

a certain person 某一个人；I am certain that... 我肯定……

a true communist- 个真正的共产党人；It is true. 这件事是对的。

the simple truth 大实话；It is simple，这很简单。

②只能作定语的形容词有两种。

一种是起强调作用或特指作用的，例如

a mere child 只是个孩子

the only reason 唯一的理由

the very end 真正的目的

the specific point 特定的要点

the chief excuse 主要的借口

the main task 主要任务

total nonsense 一派胡言

另一种是源自名词的形容词，例如：

an atomic scientist 原子能科学家

a medical school 医学院

an electric calculator 电子计算器

③只能作表语的形容词有两种：一种是某些表示健康的，如 well、unwell、ill、faint 等；另一种是某些以 a- 开头的，如 ablaze、aflame、afire、awake、aware、afraid、alike、alive 等。

④定语、表语用词不同。

The ship is sunk. /This is a sunken ship.

He is drunk. /He is a drunken man.

He is stage struck. /He is panic stricken.

The man is frightened/afraid，但是 the frightened man 不能说 afraid man。

He is sick/ill. 但是 the sick man 不能说 the ill man。

He is still sleeping. =He is still asleep. 但是 the sleeping boy 不能说 the asleep boy。

（4）代词

在英语词类的研究中，代词是一个不太起眼的词类，但它充分地显示着文体学特征。代词的作用和词频甚至可看作是衡量不同文体特点的一杆标尺。语言使用环境多种多样，根据不同的交际场合，采用不同的题材；根据不同的交际对象，采用不同的交际方式；通过选择不同的语言变体（varieties in language）来达到交际目的。文章体裁名目繁多，少说也有数十种（更不要说口头语言）。从交际场合与内容分，语体可分为普通话（common language）、文学语（literature language）和专门语（special language）。

普通英语（common English）为英语语言集团中大多数人日常生活中使用的语言，广泛使用各种口头词语和俗语，语句平易，不重修饰，以集中运用基本词汇、基本句型为主要特征。普通英语通常作为不同语体进行比较的基点。文学英语（literature English）以形象、生动、富于美感为特征，广泛使用感情词汇，大量使用作状语或定语的艺术性词组，句型多变，层次交叉，多省略句。专业英语（English for special purposes）是适用于特定范围的语言变体，包括与商业、法律、医学等各类专业有关的语言，其中又以科技英语（English of science and technology）为代表。英语科技文体以概念的准确性、判断的严密性、推理的周密性为特征，使用大量抽象词与术语（其中有许多外来词和国际词），多用被动句与分词短语，大量运用逻辑性定语，各种类型的复合句多（表示条件、因果、让步、时间等），句长，句型少变化。但这里所说的科技英语是狭义的，是指科技人员为达到专业技术交流目的而使用的技术性语言，就书面形式而言，即各种科技文献所用的语言，包括文摘、科技论文、专著、科研报告、专利说明书、标准等。有人认为，所谓科技英语，就是一种用来描述科技领域中种种现象和行为的英语语体。根据不同的语言风格和语言特点，同一语体又可分出不同的文体。严谨的科技英语与科普英语就是两种不同的文体，后者除使用一定的术语外，其他语言特点更趋向于普通英语或文学英语。

不同的文体特点支配着代词的使用频率和使用方式。在普通英语和文学英语中，由于经常表现自我、描述他人或者反映自我与他人的关系，人称代词与其他词类水乳交融，相映成趣。为了状物写景，表现人与物的关系，物主代词形影不离，其他代词也各有依攀。而在科技英语中，由于长句、复合句多，关系代词骤增；由于科技文章忌带主观因素，人称代词、物主代词少用，有的基本不用；由于概念明确，替代严谨，指示代词和不定代词的使用场合大大减少。此外，同一个代词在不同的文体中还有其他不同的使用特点。

英语的代词种类繁多，根据其指代的对象和作用，可分为九类：人称代词、物主代词、自身代词、相互代词、指示代词、疑问代词、关系代词、连接代词、不定代词。在句中，可充当主语、宾语、表语、定语或状语等，且有主格、宾格和所有格之分，用来代替名词、形容词或数词等。而汉语的代词一般只有三类，即人称代词、指示代词和疑问代词，且没有主格、宾格之分。因此，在翻译时需要了解汉语习惯，进行适当调整。一般可采用以下几种方法。

①当首次提到某物时要用“a thing”，而当再次提起它的时候，就要说“the thing”。当用代词替换这些词的时候，可以用以下形式：用 one 代替 a thing，用 it 代替 the thing。

②代词翻译成相应的代词，主要指汉语中使用的三类代词，但注意汉语没有格的变化。

例 1：She gave the book to you and me.

译文：这书是她给你和我的。

例 2：We should always keep this in mind.

译文：我们应当时刻记住这一点。

例 3：You and J are the same age.

译文：你和我年龄一样大。

例 4：Who is to take the chair?

译文：谁做主席？

例 5：Whom do you wish to speak to?

译文：你想找谁接电话？

例 6：They are so alike, and you can't tell which is which.

译文：他们长得那样相像，你都分不出谁是谁。

③增词翻译。

主要指英语代词在汉语中找不出对应成分，这时需要增加词语（如英语物主代词译成汉语后加上一个“的”，自身代词译成汉语后加上“自己”，等等）进行翻译。

例 1：Our room is on the first floor and theirs on the second.

译文：我们的房间在二楼，他们的房间在三楼。

例 2：That poor boy was myself.

译文：那个可怜的孩子就是我自己。

例 3：They made the machine all by themselves.

译文：这机器完全是他们自己制造的。

④转译或整合后翻译。

主要指一些英语代词（如相互代词、自身代词、关系代词、连接代词、不定代词等）在汉语中找不到合适的对应成分，这时需要转换成其他代词或整合成相应成分。

例 1：Leaders must make investigation themselves.

译文：领导者都要亲自做调查。

例 2：Motion itself is contradiction.

译文：运动本身就是矛盾。

例 3：For years the two sisters looked after each other.

译文：多年来，两姐妹都互相照顾。

例 4：He is no longer the man that he was.

译文：他已经不是过去的他了。

例 5：We must change what we have learnt into action.

译文：我们必须把学到的东西变成行动。

例 6：Whatever we do is to serve the people.

译文：我们所做的一切都是为人民服务。

例 7：You and I are both to blame.

译文：我们两人都有错。

例 8：Everyone is interested in this subject.

译文：谁对这个问题都感兴趣。

例 9：You can't please everybody.

译文：使人人都高兴是办不到的。

例 10：Men become desperate for work, any work, which will help them to keep alive their families.

译文：人们极其迫切地要求工作，不管什么工作，只要它能维持一家人的生活就行。

⑤省略。

主要指汉语中没有对应成分的英语代词或根据汉语习惯不需要出现的代词。这是解决两种语言中代词使用悬殊的主要手段之一。

例 1：They say he is a genius.

译文：听说他是一位天才。

例 2：It is only a ten minutes' walk to the school.

译文：到学校只要走十分钟。

例 3：Don't put your hands in your pockets.

译文：不要把手插在口袋里。

例 4：We live and learn.

译文：活到老，学到老。

作主语的人称代词 We 表示泛指，因而在译文中省略。

例 5：——When will he arrive?

——You can never tell.

译文：——他什么时候到？

——说不准。

作主语的人称代词 you 表示泛指，翻译时可省略。

例 6：The significance of a man is not in what he attained but rather in what he longs to attain.

译文：人生的意义不在于已经获取的，而在于渴望得到什么样的东西。

作从句主语的人称代词 he 表示泛指，翻译时都省略了。

（二）英语单词的结构

1. 一个词能产生许多词

我们学过汉字的人都知道：一个汉字添加不同的偏旁、部首，就可以构成许多不同的字。例如，“交”字可以构成跤、郊、胶、菱、姣、蛟、狡、饺、绞、铰、佼、皎、咬等许多字。

同样地，一个英语单词也可以添加不同的“偏旁”“部首”而构成许多不同的单词。例如 colour（颜色）一词可以构成下列许多不同的词：

recolour 重新着色
tricolour 三色的
multicoloured 多色的
discolour（使）褪色
uncoloured 未染色的
concolourous 同一色的
secoloured 本色的
watercolour 水彩画
orange-coloured 橘色的
colourable 可着色的
colourless 无色的
colourful 色彩丰富的
colourist 着色师
coloured 有……色
colourant 颜料，染料
colourman 染色师
colour-blind 色盲的
colourfast 不褪色的

上列单词中，colour 的前面或后面都有添加部分。这些添加部分是什么呢？现在我们来分析一下这些单词。

例 1：recolour（再）、multicolour（多）、discolour（除去）。

在这些词中，colour 前面的添加部分 re-、multi-、dis- 等都含有具体的意义，但它们都不是单词，不能独立使用，只能依附在其他词的前面。在构词法上它们叫前缀。

例 2：colourable（可……的）、colourless（无……的）、colourful（多……的）、colourist（人）。

在这些词中，colour 后面的添加部分 -able、-less、-ful、-ist 等也都含有具体的意义，但它们也不是单词，不能独立使用，只能依附在其他词的后面。在构词法上它们叫后缀。

前缀和后缀都不是独立成分，而是辅助成分。由单词加前后缀而构成的词叫派生词。

例 3：water-colour（水）、orange-coloured（橘子）、colour-man（人）、colour-blind（盲）。

在这些词中，colour 的前面添加部分 water、orange 和后面的添加部分 man、blind 不但含有具体的意义，而且都是独立的单词。像这样由两个（或两个以上）独立的单词所构成的词叫合成词。

一个英语单词，通过添加前缀、后缀或添加另一单词，便能构成大量的新词。这和汉字添加偏旁、部首的作用是相似的。

2. 前缀和后缀

anti：matter（物质）—antimatter（反物质）、war（战争）—antiwar（反战的）

auto：criticism（批评）—autocriticism（自我批评）、land（着陆）—autoland（自动着陆）

be：friend（朋友）befriend（以朋友态度对待）、little（小）—belittle（贬低）

bi：fom（形状）—biform（二形的）、monthly（月刊）—bimonthly（双月刊）

bio：chemistry（化学）—biochemistry（生物化学）、sphere（范围）—biosphere（生物圈）

centi：grade（度）—centigrade（百分度的）、meter（米）—centimeter（厘米）

co：author（作者）—coauthor（合著者）、exist（存在）—coexist（共存）

con：centric（中心的）—concentric（同中心的）、Join（参加）—conjoin（联合）

col：location（位置）—collocation（并置）

com：passion（激情）—compassion（同情）

cor：relation（关系）—correlation（相互关系）

de：code（密码）—decode（解码）、value（价值）—devalue（使贬值）

dis：advantage（优点）—disadvantage（缺点）、agree（同意）—disagree（不同意）、honest（诚实的）—dishonest（不诚实的）

3. 名词后缀

or/er/ess/crat/cis，表示“做某件事情或从事某职业的人或物”：worker、Debtor、acy；表示“性质，状态，境遇”：democracy、accuracy、diplomacy、ance、ence；表示“性质，状况，行为，过程，总量，程度”：Importance、diligence、difference、Obedience、ancy、ency；表示“性质，状态，行为，过程”：frequency、urgency、efficiency、bility；表示“动作，性质，状态”：possibility、flexibility、feasibility、dom；表示“等级，领域，状态”：freedom、kingdom、wisdom、hood；表示“资格，身份，年纪，状态”：childhood、manhood、falsehood、ion、sion、tion、ation、tion；表示“行为的过程，结果，状况”：actionsolution、conclusion、destruction、expression、correction；表示“制度，主义，学说，信仰，行为”：socialism、colloquialism、heroism；ism表示“性质，状态，程度”：purity、reality、ability、calamity、ment；表示“行为，状态，过程，手段及其结果”：treatment、movement、judgment、punishment、argument、ness；表示“性质，状态，程度”：goodness、kindness、tiredness、friendliness、ship；表示“情况，性质，技巧，技能及身份，职业”：hardship、membership、friendship；表示“动作，性质，过程，状态”：depth、wealth、truth、length、growth、tude；表示“性质，状态，程度”：de、altitude（海）、ure；表示“行为，结果”：exposure、pressure、failure、procedure（手续）、

grapy。

4. 形容词后缀

（1）able、ible（能…的、可…的、易于…的）多加在及物动词或名词后

acceptabl 可接受的

believable 可信的

comfortable 舒适的

practicable 能实行的

fashionable 流行的

feasible 可行的

sensible 察觉的

（2）al（有……性质的、属于…的），多加在名词后

accidental 偶然的，additional 附加的，personal 个人的，postal 邮局的，structua 结构的

（3）an、ian、ean（属于……的、有……性质的、属于……地方的）

suburban 郊区的，Canadian 加拿大的，Europel 欧洲的。

（4）ant（有……性质的）多加在动词词干后。

indent 丰富的，relevant 有关的，brilliant 光辉的。

（5）a（与……有关的、有……性质的、属于…的、……形状的）多加在名词后。

linear 线的，molecular 分子的，similar 相似的。

（6）ary（有……性质的、属于……的、关于……的）。

elementary 基本的，contrary 相反的，imadinary 想象中的，necessary 必要的。

5. 动词后缀。

（1）ize，ise，表示“做成，变成，……化”：modernize，mechanize，democratize，organize。

（2）en，表示“使成为，引起，使有”：quicken，weaken，soften，harden。

（3）ify，表示“使……化，使成”：beautify，purify，intensify，signify，simplify。

（4）ish，表示“使，令”：finish，abolish，diminish，establish。

（5）ate，表示“成为……处理，作用”：separate，operate，indicate。

6. 副词后缀。

（1）ly 加在形容词后面，使该形容词变成副词。

barely（bare+ly）	仅；几乎没有
eagerly（eager+ly）	热切地、急切地
readily（ready+ly）	乐意地；容易地；迅速地
economically（economic+ally）	经济地；经济上地

以 le 结尾的形容词，变为副词时去 e 后加 y；以 i 结尾的形容词，变为副词

时要在 i 后加 al 再加 ly；以 y 结尾的形容词，变为副词时要把 y 变成 i 再加 ly。

（2）ling 加在形容词或名词后表示“在……状态下”的意思

darkling（dark+ling） 在黑暗中

flatling（fat+ling） 平坦地

sideling（side+ling） 斜地；横地

（3）long 加在名词后表示“向在……方向”的意思

headlong（head+long） 头向前地

sidelong（side+long） 斜地；横地

（4）ward（s）副词词尾，表“方向”的意思，作为形容词用时，只能使用 ward

afterward（s）-

ater+ward（s） 以后，后来

downward（s）down+ward（s） 向下

eastward（s）east+ward（s） 向东地

seaward（s）sea+ward（s） 向海地

sunward（s）sun+ward（s） 向阳地

（5）ways 通常表示“方法，方向，方式”等意思

always（al+ways） 永远；不断地

coastways（coast+ways） 沿岸地

sideways（side+ways） 横向地；从旁边

（6）wise 和 ways 是同源后缀，通常表示“方法，方向，方式”等意思

coastwise（coast+wise） 沿海岸地（的）

clockwise（clock+wise） 顺时针方向地（的）

manwise（man+wise） 人一般地，像人一样地

otherwise（other+wise） 否则；要不然

三、合成词

（一）合成名词

（1）名词 + 名词

work+shop-workshop（车间）、wave+length-wavelength（波长）。

（2）名词 + 动名词：

machine+building machine building（机器制造）、book+learning-book learning（书本知识）、hand+writing hand writing（手迹）。

（3）动名词 + 名词：

waiting+ room-waiting-rom（候车室）、building+ material -building material（建筑材料）、swlmming+ pool-swimming-pool（游泳池）。

（4）形容词 + 名词：

short+hand shorthand（ 速 记 ）、hard+ware-hardware（ 硬 件 ）、soft+ware-oftware（软件）、black+board-blackboard（黑板）。

（5）动词 + 名词：

pick+pocket-pickpocket（小偷）、break+water-breakwater（防水堤）。

（6）副词 + 动词：

in+put-input（输入）、out+put-output（输出，产量）、out+come-outcome（结果）

2. 合成形容词

（1）名词 + 现在分词：

peace+loving-peace-loving（热爱和平的）、epoch+making-epoch-making（划时代的）。

（2）名词 + 过去分词：

man made-man-made（人造的）、hand+made hand-made（手工制作的）。

（3）形容词 + 现在分词：

good+looking-good-looking（好看的）、fine+looking-fine-looking（美观的）、deep+going-deep-going（深入的）。

（4）形容词 + 过去分词：

ready+made-ready-made（现成的）。

（5）形容词 + 名词：

new+type-new-type（新型的）、large+scale-large-scale（大规模的）。

（6）形容词 + 名词 +ed:

medium+sized-medium-sized（中型的）、noble+minded-noble-minded（高尚的）。

（7）形容词 + 形容词：

red+hot-red-hot（炽热的）、light+blue-light-blue（淡蓝的）dark+green-dark-green（深绿的）。

（8）数词 + 名词：

fist+class-first-class（第一流的）、three+way-three-way（三通的，三项的）。

（9）数词 + 名词 +ed:

four+cornered-four-cornered（有四个角的）、one+sided-one-sided（单面的，片面的）。

（10）副词 + 现在分词：

hard+working-hard-working（勤劳的）、ever+increasing-ever-increasing（不断增长的）。

（11）副词 + 过去分词：

Well+known-well-known（著名的）。

（12）介词或副词 + 名词：

under+ground-under-ground（地下的）。

3. 合成动词

（1）名词 + 动词：

work+harden-work-harden（加工硬化）、heat+treat-heat-treat（热处理）、tral+produce-trial-produce（试制）。

（2）形容词 + 动词：

safe+guard-safeguard（保卫）、white+wash-whitewash（白刷）。

（3）副词或介词 + 动词：

over+heat overheat（过热），over+write-overwrite（覆盖）、under+line-undcrlinc（在……下面划线）。

第二节　词语选择的技巧

英语词的构成方式主要有：转化法、复合法、派生法和缩略法。

一、转化法

转化法与词缀法、复合法不同，它不需要任何形式上的改变，只需要在使用时注意词类变化引起的词义及作用的差异就可以了。所以转化法是英语基本构词法中最简便的一种，并具有极强的表达力。有人认为转化法是派生法的一种特殊形式，因此将其称为“零位后缀派生法”(derivation by zero suffix)，也叫“零位派生法”(zero derivation)。这就说明了转化法是用加“零位后缀”（不加后缀）的方法，使一个词改变词类。用派生法构词需要添加词缀，例如，名词 beauty 加上后缀 -fy 就变成动词 beautify，形容词 lovely 加上后缀 -nes 就变成名词 loveliness，动词 equate 加上后缀 -ion 就变成名词 equation。而转化法则不用给一个词添加或减少任何东西，也就是说不用作任何形式上的改变就可以把词的词类给改变了。以 shower 为例，它原来是名词（阵雨，period of rainfall；淋浴，act for washing)，后来转化成了动词（下阵雨，to rain in showers；洗淋浴，to wash yourself in a shower)。shower 还可根据引申意义转化成新的名词和动词

（阵雨般的东西，n. a large number of things falling down；倾泻，v. to fall in large quantities）。

转化法一般在简单词中进行。英语中大多数单音节名词都有相同形式的动词，如 hunt → to hunt、pay → to pay、play → to play、sight → to sight、sleep → to sleep、swing → to swing、talk → to talk、walk → to walk 等。这些词往往很难确定是由名词转化为动词，还是由动词转化为名词的。

派生词一般都不能转化。由于派生词往往有明显的词缀作为词类的标志，因此，其转化的可能性就比较小，甚至某些词尾与具有标志性的词缀是一致的，其转化就显得有些异样。例如 auction（拍卖），尽管它的词尾 -tion 并非名词词缀 -tion，但是，将它转化为动词 to auction 让人觉得不自然。

复合词的转化比派生词多一点，某些复合名词，就可以用来转化为动词，如 blacklist（黑名单）→ to blacklist（列入黑名单）、sandpaper（砂纸）→ to sandpaper（用砂纸打磨）。某些短语动词也可以转化为复合名词，如 backup（n. 帮助、协助）、breakdown（n. 障碍、停止运作）、short circuit（n. 短路）就是由 to back up，to break down，to short-circuit 转化而来的。英语是一种具备屈折变化的语言，但随着屈折变化的减少，词类转化就会变得越来越活跃。词类转化一般在名词、动词和形容词之间发生。

转化法是指词根形式不变而转换成其他词类，如 release（v.）→ release（n.）、down（adv.）→ down（u）、slow（adj.）→ slow（v.）等。在英语发展过程中，词尾基本消失，衍生出一种新的构词法——转化法，无须借助词缀就能实现词类的转化。

（一）名词→动词

rain n. 雨→ rain v. 下雨

shop n. 商店→ shop v. 购物

water n. 水→ water v. 浇水

land n. 陆地→ land v. 着陆

name n. 名字→ name v. 命名

注意：不少动词转化为名词或名词转化为动词，词义没有什么大变化，易于推测出词义。例如 answer（回答）、change（变化）、flight（打架）、love（爱）、rest（休息）、smile（微笑）、shout（喊）、study（学习）、talk（谈话）、visit（访问）、wish（希望）、work（工作）等。

（二）形容词→动词

last adj. 最后的→ last v. 持续

tidy adj. 整洁的→ tidy v. 使整洁
own adj. 自己的→ own v. 拥有

（三）形容词→名词

back adj. 后面的→ back n. 背部；后面
light adj. 明亮的→ light n. 灯
warm adj. 温暖的；热情的→ warm n. 温和的地方；取暖
bound adj. 有义务的；受约束的→ bound n. 范围；跳跃
bottom adj. 最后的；底部的→ bottom n. 底部；末端；尽头

（四）动调→名词

stop v. 停止→ stop n. 车站
lift v. 举起→ lift n. 电梯
注意：

①词形不变，读音的差别，字母 s 读 [z] 为动词，读 [s] 为名词或形容词：use v. 使用，use n. 用途；excuse v. 原谅，excuse n. 借口。

②词形改变的转化 live v. 生活，life n. 生活；full v. 装满，full adj. 满的；save v. 救，safe adj. 安全的；enter v. 进入，entrance n. 入口处；different adj. 不同的，difference n，不同之处。

（五）名词→副词

light n. 光亮；光源→ light adv. 轻装地；轻地
down n. 绒毛；开阔的高低→ down adv. 向下；在下面
slap n. 掌击；拍打声→ slap adv. 直接地；猛然地；正好

（六）形容词→副词

live adj. 有生命的；生动的；精力充沛的→ live adv. 从现场；实地
little adj. 小的；很少的；短暂的→ little adv. 完全不
due adj. 应支付的；到期的；应得的→ due adv. 置于方位词前；正
express adj. 明确的；专门的→ express adv. 用快递方式

（七）介词→副词

up prep. 在……之上；在……的较高处→ up adv. 起来；上涨；向上
about prep. 关于；大约；在周围→ about adv. 四周地；随处

二、复合法

复合法是指将两个或两个以上独立的词结合在一起，构成新词的方法，如 snow fall-snowfall；class+room-classroom 等。复合词的种类繁多。从词性上看，主要包括复合代词、复合数词、复合副词、复合连词、复合介词、句式复合词等。

（一）在语法上的特点

第一，是复合词组合不受英语句法的限制，而且结构特殊。例如，在名词前有动词作修饰成分的复合词，pickpocket（n. 扒手）、break water（n. 防波堤）。又如，将名词和过去分词放在一起组成的复合词，handpicked（a. 精选的）、duty-bound（a. 义不容辞的）。再如，形容词和过去分词放在一起组合的复合词，low-paid（a. 工资低的）、full-grown（a. 已经长成的）。这些复合词中的结构在一般自由词组里是不允许的。

第二，是复合词作为一个词，在句中充当一个成分，具有独立成分的特点，所以只能在复合词的词尾有变化，而不能在词的中间有变化。在复合词中作为修饰成分的形容词一般没有比较级和最高级，例如：hot dog（热狗，一种夹有腊肠的圆长形面包），没有 hot dog 和 hottest dog：hot line（热线、电话专线咨询服务），也没有 hotter line 和 hottest line；fast food（快餐），没有 faster food。但“higher education”（高等教育）、“elder sister”（姐姐）、“eldest sister”（大姐）、“younger brother”（弟弟）、“youngest brother'”（小弟）都是正确的复合词。复合词的复数形式一般在后一个成分上表示，如 mailboxes（邮箱），blackboards（黑板）等。但也有例外，如，sons-in-law（女婿）、women teachers（女教师）等。复合动词也有随时态变化的形式，如 mass-produce（成批生产）的过去式是 mass-produced：soft-land（软着陆）的一般现在时第三人称单数形式是 soft-lands。

复合词组成部分之间存在一定程度逻辑上的句法关系，了解这一点对揭示复合词内部的语义联系有很大好处。

（二）在语义上的特点

1. 复合词有较为固定的语义

有的复合词可根据两个组成部分的字面意义去理解。例如，blog sphere/blog osphere（博客界、博客领域，由 blog“博客、网络日志”和 sphere“范围、领域”两个词组成），a computer game（电脑游戏，a game played on a computer），heart failure（心力衰竭），jetlag（飞行时差综合征、跨时区飞行后感到生理节奏失调，由 jet“喷气机”和 lag“延迟、滞后”两个词组成），one-way（单向通行的），sandstorm（沙尘暴），等等。而有的复合词意义则不是原来两个独立词的语义的简单相加，如 brain drain（人才流失）、brainchild（脑力劳动的产物，如作品、思想、设想、发现等）、contact lens（隐形眼镜）、greenback（美钞）、hangover（宿醉）、offbeat（非传统的、不平常的）、white lie（善意的谎言）。大家知道 rock music 和 rock 都可叫作“摇滚乐”，但看到 heavy metal 可能得查一下词典才明白它也可以作为“‘重金属’电子摇滚乐”。而 big ticket 在美国英语中作“expensive（昂贵的）”解，可能也不是一下子就能猜得出来的。

有些随科技和社会飞速发展而产生的新复合词，则需要了解一定的背景后才能懂得其确切的语义。例如，laptop music（用电脑软件制作的数码音乐、手提电脑音乐），blue oceanstrategy（蓝海战略，以“价值创新”的方式开拓还没人进入的新领域的战略，与以竞争为中心的传统的“红海战略”即血腥竞争相对应），Dollfie（是 doll 娃娃和 figure 人偶的简称，是电脑时代全世界流行的 1/3 球形关节可动人偶 SD，即 Super Dollfie 玩具。这种玩具娃娃的四肢及身躯关节皆可活动，因取材于一种特别的高级树脂，它们几乎可摆出人类可以摆出的所有姿势）。

2. 词的组成成分之间的语义关系是多种多样的

一般来说，第一部分限定或修饰第二部分，如 a cold winter 是 a winter that is very cold（寒冷的冬天），而 winter-cold 是 as old as in winter（像冬天一样的寒冷）。但有些词不是这样，如 paper-cut（剪纸）、a deaf-mute（a person who is deaf and mute，聋哑人）；有些复合词受到法语词序的影响，如 secretarygeneral（总书记）、president elect（当选总统）。形式相同的复合词内部的语义关系可能不同，如 water bed 是 a bed filled with water（水床、充水床垫），water bird 是 a bird which lives and swims on water（水鸟、水禽）。由“water+ 另一名词”构成的复合名词还有 water bottle（水瓶）、water bus（公共交通艇）、water closet（盥洗室、厕所）、waterfall（瀑布）、water gun（水枪）、watermill（水磨）、water polo（水球）等。虽然这些复合词内部的语义关系有很大差别，但是每个复合词的意义很少会被误解。

3. 有些复合词是运用隐喻（metaphor）、换喻（metonymy）和提喻（synecdoche）等手段制造出来的

如 Dream team（梦之队，指由最佳人选组成的团队）、light-hearted（心情舒畅的）、short-handed（人手短缺的）、short-sighted（眼光短浅的、近视的）、snow-white（as white as snow，雪白的）、information superhighway（信息高速公路）、to download/upload information（下载 / 上传信息）、to leapfrog（原意指“跳山羊”游戏，常用来比喻“大幅度跨越”“跨越式发展”）等。

（三）在语音上的特点

复合词的重音一般落在第一个组合成分上，如 blackboard（教学用的黑板）、English teacher（英语教师）、shorthand（速记）、Whitehouse（美国总统府、白宫）。而与它们对应的自由词组的重音一般落在两个组合成分上，如 a black board（黑色的木板）、a white house（白色的房屋）、an English teacher（英国教师）、a short hand（钟表的短时针）。

（四）在书写上的特点

复合词有的连写，如 basketball（篮球）、mailbox（信箱）、breakthrough（突破）、outbreak（爆发）；有的带连字符，如 man-made（人造的）、laid-back（放松的、不慌不忙的）、bring and-buy sale（慈善性义卖）、good-for 一 nothing（不中用的人）；还有分开写的，如 general education（普通教育）、remote control（遥控）、bird of prey（猛禽）、point of view（观点）。采用哪种书写方式，主要依据习惯和英语人士的偏好，有的甚至两种或三种写法都可以。以美国最常见的热狗为例，hot dog、hot-dog、hotdog 三种写法都可以，其中以第一种写法最常见。一般来说，英国英语比美国英语使用连字符的场合更多一些，而现代英语倾向于把原来分开写的，或用连字符的复合词写成一个词。

三、派生法

在一个词的前面或者后面加上前缀或后缀所构成的词叫派生词。需要注意的是，在词的前面加上前缀多改变词义。

（一）前缀

前缀有：mu-、k-、pu-、ta-、s-、sa-、mumu-、mupu-、mk-、musu-、mutu-、mugu-、mumu-、punu-、puku-、kunu-、sumu-、sunu-、suku-、supu-、tumu-、tunu-。

部分主动动词有前缀 mu-，大多为不及物动词。

部分开元音 e、i、a 的词根加 mu- 后，mu- 同化为 me-、mi-、ma-，快读后开首元音消失。

例如：

表贬义的前缀：ma-、mis-、pseudo-。

表否定的前级：a-、dis-、in-、im-、un-、non-。

表程度的前缀：arch-、co-、extra-、hyper-、macro-、mini-、out-、over-、sub-、super-、sur-、under-。

表方向态度的前缀：anti-、contra-、counter、pro-。

表反向或表缺的前缀：de-、dis-、un-。

表时间的前缀：ex-、fore-、post-、pre-、re-。

表方位的前缀：extra-、fore-、inter-、intra-、super、tele-、trans-

表数的前缀：bi-、d-、multi-、semi-、demi-、hemi-、tri-、uni-、mono-。

其他前缀：auto-、ne-、pan-、proto-、vice-。

（二）后缀

英语后缀主要有：名词后缀、动词后缀、形容词后缀和副词后缀。

1. 名词后缀

名词后缀主要可通过下列方式形成，加在动词后，表示“性质、状态”的后缀：-age、-al、-ing、-ment；加在动词后，表示“人”或“物”的后缀：-ant、-ee、-ent、-er。加在形容词后，表示“性质、状态”的后缀 -ity、-ness；加在名词后，表示“人、民族”或“语言、信仰”的后缀：-ese、-an、-ist、-ite。加在名词后，表示“人”或“物”的后缀：-eer、-er、-ess、-let；加在名词后，表示“性质、状态”的后缀：-age、-dom、-ful、-hood、-ing、-ism、-ship。

2. 动词后缀

都加在名词和形容词后：-ate、-en、-ify、-ize（-ise）。

3. 形容词后缀

形容词后缀主要通过以下方式构成，加在名词后构成形容词的后缀：-ed、-ful、-ish、-les、-like、-ly、-y、-al（-ial、-ical）、-esque、-ic、-ous（-eous、-ious、-uous）；加在动词后构成形容词的后缀：-able（-ible）、-ative（-ive、-sive）。

4. 副词后缀

副词后缀主要通过以下方式构成。加在名词后构成副词的后缀：-wise；加在形容词后构成副词的后缀：-y；加在名词或形容词后构成副词的后缀：-ward（-wards）。

四、缩略法

（一）英文字母词

英语中由单个字母构成的词主要有 I（我）和 a（作不定冠词）等。但是，在实际运用中，由一个或若干个字母构成的字母词也不为鲜见。字母词的一个重要标志是，其发音仍严格按组成该词的字母的读音发音。英语中的字母词搭配灵活，表意明快，形象感强。

下列例句均使用了根据字母形状特点而构成的字母词：

① The river makes a great S.

这条河形成了一个大的 S 形。

② He was trying to make a turn,U-but his car ran into a tree.

他想急转弯，不料汽车撞在一棵树上。

③ A vast dome of snow framed itself in a V-shaped gateway the mountain.

一座庞大的圆屋顶般的雪架架在 V 型的山口。

④ Your aunt is coming to stay for the weekend, so you'll have to mind your p and q.

你姨妈就要来咱们家度周末，你们得放规矩些了。（小学生容易混淆 p 和 q，mind one's p and q 的意思是：谨言慎行，循规蹈矩。）

⑤ He didn't know B from a bulls foot.

他目不识丁。（注：英文字母 B 源于腓尼基象形文字"牛"。牛为偶蹄类，脚趾形似字母 B，见牛趾而不识 B，喻文盲无知。）

（二）英文字母的大写

句子开头第一个字母要大写，诗歌每行第一个字母要大写，人称代词"I"要大写，这都是我们所熟知并常用的大写规则。除此之外，英文字母规则还有以下几种情况。

1. 感叹词"O"要大写

例如，"How, O ye gods, can I control this joy. "，啊，天哪！我怎么能控制住这种喜悦呢？"O"与"Oh"有时可以混用，但"O"后不加标点符号，而"Oh"后常加逗号。对神祈祷或对人、物颂扬呼唤多用"O"。

2. 标题中的第一个词，最后一个词，其中重要词——实词

①名、形、代、数、动的第一个字母要大写，也包括那些用连字符连接起来的复合词第二部分，其第一个字母也应大写。

例如：Across the River and into the trees.

越过河流，进入树林。

②标题中含有五个字母或五个以上字母的介词、连词的第一个字母也可大写。

③名字前的尊称、头衔、职称的第一个字母要大写。

如 President clinton 克林顿总统、Foreign Minister Tang Jia xuan 唐家璇外长。

④代替人名的头衔或职称，第一个字母要大写。

例如：the Secretary of the Treasury 财政部部长（指一个人，不说出他的名字）

Your honor 阁下。

Long live the King！ 吾王万岁！

⑤表示家庭关系的用作名字的单词，且其前又无物主代词时，第一个字母要大写，如 Father 父亲、Mother 母亲。注意其前如果有物主代词时，第一个字

母则小写。

⑥人名、地名等作为专有名词时第一个字母应大写，作为普通术语时第一个字母则小写。例如，China 中国、a set of china 一套瓷器，Cologne 科隆、cologne 香水，the West 西欧、west of the river 河西。

⑦月份、星期、假日的第一个字母要大写，如 April 四月、Friday 星期五、Labor day 劳动节、Christmas 圣诞节。注意季节名、一个月内的各日期（假日除外）的第一个字母不大写。

⑧某些缩写也需用大写字母。USA 美国、UN 联合国、Dr 博士、Mr 先生、HK 香港、OK 好吧。

⑨直接引语的第一个字母要大写。

例如：He added，“And I hope you'll come early.”

他接着说：“我希望你早点来。”

⑩特殊课程名字的第一个字母要大写。

例如：I registered for Sociology101 and chemistry455.

我注册修社会学 101 和化学 455。

如果只指一般的学科（语言除外），则第一个字母不大写。

例如：I am taking English，sociology，and chemistry. 我正在攻读英语、社会学和化学。有时，在正式论述中的关键词，特别是第一次提到时，其第一个字母要大写。

⑪ 例如：The next problem, that of Ultraviolet Radiation, is one on which considerable progress has been made.

下一个问题，即关于紫外线辐射问题，是已经取得了很大进展的问题。

⑫ 法律用语的关键词第一个字母要大写。

例如：The company's Registrars must receive copy of the Letter get her with the Form of Renunciation.

此家公司的登记员必须受理此函件的副本和（对权力等）放弃声明书。

（三）英语缩略词的结构

英语的缩略词比较复杂，根据缩略词的构成方式，我们可以将其分为三大类：节略式、字母缩合式、混合式。

1. 节略式

(1) 去头取尾

例如：copter ← helicopter 直升机，phone ← telephone 电话，quake ← earthquake 地震，drome ← aerodrome 机场。

（2）去尾取头

例如：gent ← gentleman 绅士，exec ← executive 执行官，memo ← memorandum 备忘录，stereo ← stereophonic 音响，Sept ← September 九月，Wed ← Wednesday 星期三，pub ← public house 酒吧（英）。

（3）去头尾取中间

例如：flu ← influenza 流感，fridge ← refrigerator 冰箱，script ← prescription 处方，tec ← detective 侦探。

（4）去中间取头尾

例如：Dept ← department 部门。

四种模式中，第二种“去尾取头”最为普遍，该类不仅包括单纯词，还涵盖复合词，例如 pub、zoo 等。“去头尾取中间”类的词最少，“去中间取头尾”类不太规范，有很多属于个人或特殊场合临时造词，并不为大众所接纳。另外要指出的是，一般情况下缩略词是没有形态变化的，即截去一部分，剩下的无论是什么，缩合一起就行。但也有例外，如 bike ← bic ← bicycle（自行车）、mike ← mic ← microphone（话筒）、sarge ← serge ← sergeant（中士）等。为了顺应英语的拼读习惯，原词截短后还发生了拼写和读音上的变化，使之看起来更像一个普通词。

2. 字母缩合式

字母缩合词是提取一个短语或名称的首字母或其中的某些字母缩合而成的词。根据字母缩合词的发音特点，可以进一步分为三类：一是按字母读音的词，称为字母词（intialisms）；二是按普通词读音的词，叫作拼缀词（acronyms）：三是字母加词，称为嫁接词（hybrids）。

（1）字母词

一指取首字母缩合而成的词，如 p. c. ← post card（明信片）、VOA ← Voice of America（美国之音）、P ← very important person（要人）等；二指取首字母加其他相关字母合成的词，如 TV ← television（电视）、TB ← tuberculosis（肺结核）、GHQ ← General Headquarters（司令部）、kg ← kilogram（公斤）、ft ← foot（英尺）、mkt ← market（市场）等。

（2）拼缀词

根据英语的拼写和发音的需要抽取短语和名称组成成分的首字母合成，并按常规发音。如 AIDS/eidz/ ← acquired immune deficiency syndrome（艾滋病）、BASIC/beisik/ ← beginner'sall-purpose symbolic instruction code（BASIC 语 言 ）等：为了便于发音，有些词合成时只取主要成分的首字母而舍去非主要成分，例 如：laser/leize/ ← lightwave amplification by stimulated emission of radiation（ 激

光）、TEFL/te/ ← teaching English as a foreign language（英语外语教学）、OPEC/oupek/ ← Organization of Petro eum Exporting Countries（欧佩克、石油输出国组织）等。还有一些词在缩合中，从个别成分提取两个字母，以顺应发音，如sonar/saun sound navigation and ranging（声呐）、radar/reida-radio detec-ting and ranging（雷达）等。

（3）嫁接词

这类词都是取第一个成分的首字母与第二个成分的全部合成，读音也是字母加拼读，如 N bomb ← nuclear bomb（核弹）、D Notice ← Defense notice（防务公告）等。

3. 混合式

混成缩略词（blends 或 portmanteau words）是指取两个成分的部分或一个成分的部分加另一个成分的全部合成的词。根据合成的方式，可以分为下面几类。

(1) A 头 +B 尾

例如：Cremains ← Cremate+remains 骨灰、

fruice ← fruit+Juice 果汁、chocoholic+chocolate falcoholic 巧克力迷。

（2）A 头 +B 头

例如：comsat ← communications+satellite 通信卫星，

sitcom ← situation comedy 情景喜剧，telext ← teleprinter+exchange 电传。

（3）A 头 +B

例如：Eurasia ← Europe+Asia 欧亚地区，telequiz ← telephone+quiz 电话测试，autocamp ← automobile ← camp 汽车野营。

（4）A+B 尾

例如：tourmobile ← tour+automobile 游览车，workfare ← work+welfare 劳动福利，lunarnaut ← lunar+astronaut 登月宇航员。

混成缩略词全部由两个成分构成，构词时从两个成分中提取的至少是一个音节，构成的词按普通词拼读。

4. 数字概括式

（1）提取并列成分的每个词的首字母或相应字母，并前置一个概括性的数字

例如：the three P's ← peace、petroleum、Palestine，中东三大问题（和平、石油、巴勒斯坦）；the three c's ← copper、corm、cotton 三大物产（铜、玉米、棉花）；the three R's ← reading、writing、arithmetic，三大基本功（读、写、算）。

（2）根据词反映的事物属性提炼一个有代表性的词，并前置性个概括性的数字

例如：the three graces ← Aglaia、Euphrosyne、Thalia，（希腊神话）三女神；five senses ← sight、hearing、touch、mell、taste，五官感觉（视、听、触、嗅、

味）；four elements ← earth、wind、water、fire，四大要素（土、风、水、火）；seven deadly sins ← anger、avarice、envy、gluttony、lust、pride、sloth，七宗罪（怒、贪、妒、馋、欲、骄、懒）；four last things 4 death、trial、heaven、hell，最后四件事（死亡、审判、天国、地狱）；the seven virtues ← faith、hope、charity、justice、fortitude、prudence、temperance，七大美德（信任、希望、慈善、正义、刚毅、谨慎、气度）。

第三节 词语搭配

词语搭配是指一个词语和其他词语在习惯上的连用。简单地说，就是词与词的一种“结伴”关系，是根据意义表达的需要而进行的一种词与词之间的组合。在英、汉两种语言中，由于思维模式、词义项的多寡、语义宽窄、用词倾向等方面的不同，词语搭配也存在很大的差异，比较英、汉词汇搭配是从事英汉互译工作的一个重要环节，是确保译文翻译地道、自然的关键。例如，在汉语里，说工资的多少时可以说“高工资”“低工资”或“薪水高”“薪水低”；在英语里，相应的搭配方式有“high salary/good salary”“poor salary/low salary”。又如，在汉语中有“晒太阳”“晒工资”“啃老族”“吃父母”等动宾结构，如果在英语中用相同的结构来翻译，就会产生不符合表达逻辑的译文。

在英语的词语搭配中，以下几类是常见的搭配方式。

一、核心词 + 介词的搭配

英语中的许多短语都是由核心词与不同的介词组合而成的，如 fond of、short full of、out of breath、out of control、out of date、out of order、out of place、out of practice、out of sight、out of the question、call on、go back on、put on、put off、put in put aside、fight against、protect against、set against、set apart、stretch into、doze off。

二、核心词 + 动名词的搭配

英语中动词带非谓语动词作宾语时，有些动词后面带动名词或动词不定式均可，但有些动词后面只能用动名词的形式。其中，只能带动名词作宾语的动词主要有：avoid、admit、advise、consider、delay、enjoy、finish、forbid、give up、imagine、keep mind、miss、practise、perm、risk、suggest 等。

三、核心词 + 动词不定式的搭配

英语与汉语不同之处在于，英语动词可以带不定式作宾语或作宾语补足语。英语中这类词比较多，如 decide、determine、claim、consent、plan、prepare、presume、promise、refuse、resolve、strive、wish、intend、desire、offer、mean、threaten、decline、seek、tend 等都属于这类词。

与传统的词汇学、语法和语义学不同，词语学的关注点是线性词语的组合行为，它能够析取词语意义的结构形态。传统的词汇学、语法和语义学多是从聚合关系的系统角度来研究语言特征的。纵聚合和横组合是语言的元特征（dichotomy）。纵聚合是指词形在纵轴上的联想关系，是系统性的统筹概念。比如，在界定词汇的同义关系（synonymy）、反义关系（antonymy）、部分一整体（meronymy）的关系、上下义关系（hyponymy）的时候，我们关注的是词义之间可能存在的联结规律。语言学中的语义场、词汇场和词汇集也都是词语聚合概念。根据这种理论，词汇作为概念，是依附于人的意识而存在的。它会与别的词汇在概念上相互联系、相互影响，并且组成要素结构集或语义场（semantic field）。词汇场理论反映的是用一种总体的、系统的方法来进行语言研究的观点，反映出语言研究的整体观和系统化的取向。但是在词汇场的确定过程中，词汇意义的典型特征和非典型特征的划定是很难做到“泾渭分明”的。又比如，在处理语言的语法特征时，我们也更会运用区别性范畴特征来描述语言。例如：语法中所涉及的“单数”和“复数”“动词”和“名词”“现在时”和“过去时”等“语法概念”在语法描述方面也存在着很大的不确定性：逻辑上的复数名词后的动词用的是单数形式；动词和名词之间的词性转换；现在时的行为动词表达将来的概念，而过去时情态动词表达的是言者用语的礼貌性。总的来说，聚合关系具有理论抽象性、假定性，与语言的实际相互脱节。在研究方法上，聚合关系的研究方式是概念驱动的，一定程度上显示出语言学家和语法学家的“语言范畴特征”确定的主观性和任意性。

第三章　造　句

第一节　英汉句法的构造区别

一、英语句子的“形合”与汉语句子的“意合”

“形合”与“意合”是英汉句法结构的最基本区别。英语采用焦点句法，词语和句子是通过语言形态变化和语言形式手段连接来表达思想的，结构严谨，连接手段丰富。因此，英语结构紧凑严密，英语句子好比一串葡萄、一棵大树。汉语采用散点句法，词语和句子是靠本身的意义和语境的存在来实现连接的，意义贯通，动词丰富。因此，汉语结构简练明快，汉语句子好比一根竹子、一盘珠子。

英语句子是以动词为核心构成的，其主干结构突出，名词，尤其是抽象名词用得多，介词也用得多；英语表达复杂思想时，往往开门见山，然后借助英语特有的词汇——关系代词，进行空间搭架，通过并列、主从、嵌入等形式，把各个句子有机地结合起来。

例：I chased the cat.

The cat chased the rat.

The rat ate the cake.

以上句子按嵌入法合并为：

I chased the cat that chased the rat that ate the cake.

与英语句子不同，汉语句子结构具有竹状特征。汉语句子的组织原则主要是遵循思维的逻辑关系，这就形成了汉语句子的简练明快，“积字成句，积句成章”的特点，如“枯藤老树昏鸦，小桥流水人家”。

对比下列英汉句子的表达方式：

I can't tell you anything when you won't listen.

既然你不听，我就什么也不对你说。

You don't have to worry as long as we are here.

只要我们在，你就别担心。

Since I shall be here again tomorrow, I won't wait any longer.

明天我还会再来这儿，不等了。

I was too tired to talk with you.

我很累，不能同你说话。

We never meet without a parting.

有聚就有散。

He lived neither for fame nor for personal gains.

他活着不为名不为利。

对比上面的英汉句子表达，我们可以发现，较之英语句子，汉语句子更为松散，依靠本身的意义和语境的存在实现连接；而英语句子结构更为严谨，更注重使用关联手段表达逻辑关系。

二、英语主语显著，汉语主题显著

汉语属于话题突出语言，故汉语句子结构大多为“话题—陈述”结构。话题就是说话所要叙述或谈论的对象，陈述就是对话题所作的具体说明。在一定的上下文中，某些汉语句子的主语常常可以省略。其句首名词跟后面谓语里的核心动词不存在直接的、严格的选择和配置关系。

英语为主语突出语言，故而英语大多为“主语—谓语”结构。除省略句外，每个句子都要有自己的主语，并且主语与谓语动词有着直接的、严格的选择和配置关系。

在进行英语写作时，需要克服汉语思维的影响，将汉语的话题结构转换为英语的主谓结构。

例 1：他为人聪明，生气勃勃，忠厚耿直，谦虚谨慎。

He was canny, open-handed, brisk, candid, and modest.

例 2：我 78 岁了，由于患了瘫痪性的中风，14 个月来一直出不了门。

I am 78 years old ; I have been confined to my room with a paralytic stroke for the past 14 months.

例 3：这些新型汽车速度快，效率高，行动灵活。

These cars of new types are fast, efficient and handy.

例 4：总共十个人，五个病了干不了活。

Five of ten persons in all are not able to work because of illness.

三、英语前重心，汉语后重心

汉语往往按照一定的逻辑顺序，将主要部分放在句尾，即“重心在后”。而在英语复合句中，主句通常放在句首，即“重心在前”。

例：生活中既然有悲剧，文学作品就可以写悲剧。（汉语句子通常先因后果）

Tragedies can be written in literature since there is tragedy in life.（英语句子通常先果后因）

比较下列英汉句子的重心：

Nothing has happened since we parted.

自我们别后没发生什么事情。

I went out for a walk after I had my dinner.

晚饭后我出去散步。

He has to stay at home because he is ill.

他病了只得待在家里。

He cannot be operated upon as he is very weak.

他身体很弱不能动手术。

四、英语是静态语言，汉语为动态语言

英语与汉语在各自长期的发展中，形成了英语的静态特征与汉语的动态特征，即英语中的动作意义常借助于动词以外的词类表达，句中少用动词；而汉语则多用动词，动词可以充当很多成分。我们来比较下面两组句子：

A：The doctor arrived extremely quickly and examined the patient uncommonly carefully；the result was that he recovered very speedily.

B：The doctor's extremely quick arrival and uncommonly careful examination of the patient brought about his very speedy recovery.

与 A 句相比，B 句使用了更多的名词，这种名词优势往往可以使表达更加简洁，造句更加灵活，行文更加自然，也便于表达较为复杂的思想内容。下面的英汉句子对译也体现了英语的静态特征和汉语的动态特征。

Studies serve for delight, for ornament, and for ability.

读书可以怡情养性，可以摭拾文采，可以增长才干。

That would be the confirmation that it was in general use.

这将证实其使用是十分普遍的。

五、英语重物称，汉语重人称

英语的物称倾向十分明显，最显见于其对主语的择定。英语常选择不能施行

动作或无生命事物的词语作主语。汉语一般则更习惯于人称化的表达，尤其是主语，能施行动作或有生命的物体为主语之首选。例如，在表达“我忽然有了一个想法”这个句子时，多数学生想到的相应的英语表达是“I suddenly have an idea. ”，而事实上，“An idea suddenly occurred to me. ”是英美人习惯使用的表达。再如下句：

Bitterness fed on the man who had made the world laugh.

在进行汉译时，翻译为“痛苦哺育了这位使全世界的人发出笑声的人”更符合中国人的表达习惯。

第二节　好句子的标准

一、句意完整统一（unity）

一个句子必须有也只能有一个完整的思想，若有多个意思，相互之间则须具有一定的内在联系或逻辑关系。它包含三个内容，即句子的完整、思想的独立、意思的统一。如果将两个完全不同的内容置于同一句中，则破坏了句子的统一性。请看下面两个句子：

A：There is no doubt that he can finish the work by himself, and his colleagues are also around there.

B：Now that his colleagues are around there, there is no doubt that he can finish the work in time.

在 B 句中，逻辑上“他的同事们在那儿”是保证他能够完成工作的条件，由于两个分句存在逻辑上的关联，故达成了句意的统一性。而在 A 句中，“独立完成”与“几个同事在那儿”没有直接关系，不能用“and”并列，逻辑语义有缺失，必须补全，否则句子不统一。可将 A 句修改如下：

There is no doubt that he can finish the work by himself, and what's more, his colleagues are around there.

修改后的句子逻辑更为清楚、内容完整、关系统一。

再看下面两个句子：

A：Moyan, who won the Nobel Prize for Literature in 2012, wrote many novels such as *Red Sorghum, White Cotton, Red Locust*（红蝗）, *Woman of Fat and Sex*（丰乳肥臀）, and lived in a village in the countryside of Weifang City, China.

B：Moyan, who won the Nobel Prize for Literature in 2012, wrote many novels such as *Red Sorghum, White Cotton, Red Locust*（红蝗）, *Woman of Fat and Sex*（丰

乳肥臀）, most of which were done by him in a village he lived in the countryside of Weifang City, China.

B 句内容统一，逻辑相连，意义完整；而 A 句意义前后不对等，“写的小说”与“住在乡下”逻辑关联不大，是两个独立的完整意思，不能用连词“and”并列。若实在要连为一句，需将句子逻辑缺失部分补全：

Moyan, who lived in the countryside of Weifang City, China, wrote many novels such as *Red Sorghum, White Cotton, Red Locust*（红蝗）, *Woman of Fat and Sex*（丰乳肥臀）, which made him win the Nobel Prize for Literature in 2012.

修改后的句子逻辑连贯，内容统一，更好地传达了作者的本意。

二、语句连贯（coherence）

句子连贯是指句子各部分之间的关系和衔接清晰、自然、合理、流畅、合乎逻辑。如果一个句子的各个词或各个成分之间的连接是既清晰又合理的，那么这个句子就是连贯的、通顺的。句子各部分需要做到意义上的连贯和结构上的连贯。要写出连贯通顺的句子需要注意以下问题。

（一）正确使用平行句

在英语中，所谓平行句就是并列使用结构相似或相同、意义相关、语义一致的一个或几个词组或句子，包括名词短语、形容词短语、副词短语、动词短语、非谓语动词短语、从句等的平行。正确使用平行结构，既能使重点突出，又能使句子更易理解和连贯。

例 1：We should judge a person not only by what he says but also his deeds.

此句中的 what he said 和 his deeds 在结构上是不平行的，应纠正其中一个。可修改如下：

We should judge a person not only by what he says but also by what he does.（从句的平行）

We should judge a person not only by his words but also his deeds.（名词短语的平行）

例 2：We thought she was young, fair and a beautiful girl.

此句或用名词短语的平行，或用形容词短语的平行。可修改如下：

We thought she was young, fair and beautiful.

We thought she was a young, fair and beautiful girl.

例 3：The teachers and students have great faith and high hopes for you.

此句中的名词 faith 和 hope 尽管是平行的，但它们应该接不同的介词。可修改如下：

The teachers and students have great faith in and high hopes for you.

（二）指代清楚

写作中，代词指代关系不清楚或者不准确必然会导致语意模糊与混乱。

例 1：He told Tom that he had passed the driving-test.

句子中的第二个 he 究竟是指主语还是指 Tom，模棱两可。

可以修改为：

He had passed the driving-test and he told Tom.

He told Tom that Tom had passed the driving-test.

例 2：I went to see a film last night because she is a star I like.

因为句子中没有涉及第三者，所以很难断定 she 指代何人。可改为：

I went to see a film last night because the actress is a star I like.

例 3：Li Ming was knocked down by a motorbike, but it was not badly hurt.

后句中心 it 指代前面出现过的名词，这是 t 的基本用法之一。此句中唯一的名词是 motorbike 在此是泛指，故不能用 it。可修改为：

Li Ming was knocked down by a motorbike, but was not badly hurt.

（三）非谓语动词的主语一致

非谓语动词在英语句子表达中应用非常广泛，由于具有动词性质，在写作中要注意对其逻辑主语的运用。非谓语动词的逻辑主语如果运用不当，易引发句子表达的歧义和语法错误，最终影响句子的连贯性。

To succeed in English learning, more practice is needed.

上句中做目的状语的不定式短语的逻辑主语与主句的主语不一致，因为学习英语的主语是人，而句子的主语是 more practice，可修改如下：

To succeed in English learning, you need more practice.

三、语言简洁（conciseness）

简洁是写作的灵魂。无原则地大量堆砌词汇，往往会画蛇添足、废话连篇，影响主题的鲜明性。因此，用词用字的最高境界是恰当、言简意赅。这正如美国作家海明威在教导儿子时所言：“Never use more words than you have to，it detracts from the flow of action. ”在英语写作时，我们应该毫不吝惜地删除句中任何不必要的、与主题无关的词，力争做到用最少的语言文字表达最多的内容。下面的英语表达力争通过最少的词表达句子的意思，朗朗上口，言简意赅，因而成为千古名句。

例 1：No pains, no gains.

汉译：不劳而获。

该句寥寥数语，揭示了成功的真谛。

例 2：To be or not to be, that's the question.

汉译：生存还是灭亡，那是一个问题。

该句被称为经典句子，被广泛用于各种领域。特别是当今人类生存面临危机时，国际会议、组织常把它作为会议探讨主题。

例 3：We must strengthen the government of the people, by the people and for the people.

该句为林肯的演说名句，以其简洁明快的特点被广为传诵，三个介词的妙用让人感叹。of the people、by the people、for the people 可分别译为“民有、民治、民享”。

而与之相反，下面的句子则用词累赘、重复：

In the month of May people of different professions from all circles in this city will hold meetings to elect representatives, and these representatives will go to Beijing, the capital, in October to attend a national congress of model workers from the whole country.

通过删除重复的、不必要的累赘成分，修改后如下：

In May people of different professions in this city will elect representatives who will attend a national congress of model workers in Beijing in October.

四、句式多样化（variety）

在英语写作中，如果千篇一律地使用简单句、长句，那文章必定会比较乏味。最好的方法是以简单句为基础，配合适当的并列句和复杂句。简单句可长可短，通常要加些附属成分，如分词短语、介词短语、副词短语、不定式动词短语等。我们来分析以下这五种表达，虽然是一个意思，但是句式不同，重点也会有些差别。请看下面五个句子。

① The goats grazed peacefully in the farm and were unaware of the approaching hunter.（并列分句）

② Grazing peacefully, the goats in the farm were unaware of the approaching hunter.（现在分词短语 + 简单句）

③ In the farm, the goats grazed peacefully and were unaware of the approaching hunter.（副词短语 + 并列分句）

④ There were goats grazing peacefully in the farm, unaware of the approaching hunter.（简单句 + 形容词短语）

⑤ As the goats grazed peacefully in the farm, they were unaware of the approaching hunter.（原因副词从句 + 主句）

其中，第一种和第五种句式最为常见，如果在这种基础上，再用其他三种互相替换，则效果更佳。再看如何将以下两个句子结合并实现句式的多样化：

① The young pilot was on his first overseas training.

② He felt very uneasy.

可将句子进行如下形式的改写：

① The young pilot on his first overseas training felt very uneasy.

② The young pilot felt very uneasy during his first overseas training.

③ The young pilot's first overseas training made him feel very uneasy.

④ Extreme uneasiness seized the young pilot on his first overseas training.

⑤ The young pilot was on his first overseas training, feeling very uneasy.

⑥ It being his first overseas training, the young pilot felt very uneasy.

⑦ Being on his first overseas training, the young pilot felt very uneasy.

⑧ The young pilot was on his first overseas training and felt very uneasy.

⑨ The young pilot, who was on his first overseas training, felt very uneasy.

⑩ When the young pilot was on his first overseas training, he felt very uneasy.

⑪As the young pilot was on his first overseas training, he felt very uneasy.

在上述 11 个句子中，①～⑦是简单句，⑧是并列句，⑨～⑪ 是复杂句。然而，多数学生更习惯于使用句②⑧⑩ ⑪，如果在写作时可以灵活地使用其他几个句型，会使句子表达更加形象生动，实现多样化的表达效果。

综上，在英语写作的过程中，恰当地使用某些方法或手段有助于实现句子表达形式的多样化，增强表达效果。

这里将介绍七种达到句式多样化的方法。

（1）改变句子开头

许多学生在写作中倾向于用与人有关系的词性，用名词和代词作为句子的开头，如 People、We、I、He、They、She。但这种开头见多了，难免让人厌倦。试比较：

A：People throughout the country have greatly demanded all kinds of nutritious food.

B：There is a great demand across the country for all kinds of nutritious food.

A 句改用非人称名词作为主语开头，B 句则用 there+be 句型开头。这样既改变了“主语 + 谓语 + 宾语”的单调句型，又能突出想强调的意思。实际上，为了把文章写得生动活泼，除用主语开头外，还可以用句子的其他成分开头。

①用副词开头。

Too often, students stray into the habit of cheating on tests.

②用同位语开头。

Air, water and oxygen, everything that is necessary for life.

③用状语开头。

Dark and empty, the house looked very different from the way I remembered it.

④用表语开头。

Equally essential to the highest success in learning a language are intense interest plus persistent effort.

⑤用宾语开头。

My advice you would not listen to；my helps you laughed at. Now you will have what you asked for.

⑥以短语修饰语开头。

a. 以介词短语开头。

To me the news was very interesting, but to my wife very boring.

b. 以分词短语开头。

Disturbed by the discord of American life in recent decades, Manchester took flight for the pacific islands.

c. 以不定式短语开头。

To pass the exam, you should work very hard.

（2）巧用连接词

有的学生在作文中过多地使用简单句，导致简单句堆砌；有的写复杂句时，动辄用 so、and、then、but、or、however、yet 等。过多的此类表达非但达不到丰富表达方式的目的，反而使句子结构松散、呆板。为了避免这种现象，可以通过使用连接词，尤其是一些表示从属关系的连接词，如 who、which、that、because、since、although、after、as、before、when、whenever、if、unless、as if，不仅能够丰富句型，而且还能够把思想表达得更清楚，意义更连贯。例如：

Natural resources are very limited. They will be exhausted in the near future. It is not true. But it becomes a major concern around the world. This is a widely accepted fact.

这段文字用简单句表达，它们之间内在的逻辑关系含糊不清，意思支离破碎。如果使用连接词，将单句与其前后合并，形成主次关系，就能把一个比较复杂的内容和关系表达得层次清楚、结构严谨。例如：

It is a widely accepted fact that there is a major concern around the world for the exhaustion of limited natural resources in the near future, though it is unlikely to be true.

再如：

The Mississippi River is one of the longest rivers in the world, and in spring time it often overflows its banks, and the lives of many people are endangered.

此句用 and 把三个分句一贯到底，既乏味又可笑。如果使用了关系代词 which，语义就会更连贯，语言也会更流畅，如：

The Mississippi River, which is one of the longest rivers in the world, often overflows its banks in the spring time, endangering the lives of many people.

（3）长短句交叉

长句和短句是就句子的字数多少、形体长短而言的。长句和短句各有其优点和缺点。长句因为使用的定语、状语较多，限制了概念的外延，增大了概念的内涵，所以比较精确、严密，但使用起来不够活泼简便。短句由于字数少，直截了当，一般比较简洁、明快、有力，但不利于表达复杂的语义内容。在具体语言活动中，最好长短句交替使用。这既体现了节奏上的要求，也是意义上的需要。例如：

① We can imagine the beautiful surroundings. ② There are many trees along the streets. ③ There is a clean river in the city. ④ There are many fishes in the river. ⑤ There are willow trees on the one side. ⑥ There are some pieces of grassland on the other side. ⑦ There are many flowers on them.

文中七个句子都是简单句，句型结构单一，而且句子长短同一，都为七八个词，十分单调。下面是修改后的段落：

① Just imagine the beautiful surroundings if we make our cities greener. ② Green trees line the streets. ③ A clean river winds through the city, in which a lot of fishes abound. ④ On the one side stand rows of willow trees. ⑤ On the other side lies a stretch of grassland sprinkled with many yellow and red flowers.

改写后的这段文字，有长句①③⑤，也有短句②和④，一长一短，抑扬顿挫的节奏感就出来了。不仅句子长短交叉，而且句型结构变化也很大，使文章流畅自然，生动活泼。

（4）利用倒装结构

英语的基本句型是“S+V+O”（主语 + 谓语 + 宾语），如果偶尔打破常规，改变某一成分的位置，不仅可以丰富句型，而且能强调、突出被倒装的部分，收到意想不到的表达效果。例如：

① In no other place in the world can one find such enthusiasm for applying for hosting the 2008 Olympic Games.

② Faith in the Chinese economic reforms the majority of people will never lose.

（5）巧妙转换语态

与汉语相比，英语更注重动作本身，而不是动作的执行者，当动作的实施者不重要、不清楚或没有必要指出时，使用被动句就更为合适。另外，使用被动语态表达思想时比主动语态语气更正式、更具有客观性。在科技文章、学术论文、新闻报道等偏重客观性的文体中常常会用到被动语态。例如：

We should pay more attention to the elderly who had devoted their youth and energy to our country.

可将句子进行如下优化，修改为被动语态：

More attention should be paid to the elderly who had devoted their youth and energy to our country.

由于原句的主语是笼统词 we，此处并不强调动作的执行者，故改为被动语态。

（6）灵活转换肯定句和否定句

例 1：

I shall go there unless it rains.（肯定句）

I shall go there if it doesn't rain.（否定句）

例 2：

Their daily lives don't provide them with the exercise needed to keep them healthy.（否定句）

Their daily lives fail to provide them with the exercise needed to keep them healthy.（肯定句）

（7）使用插入语

四六级英语作文要取得提升，学会使用插入语是一个途径，因为插入语的运用可以帮助变换句式，写出新意，获得阅卷老师的青睐。插入语的用法并不难，在英语中任何成分都可用两个逗号或破折号隔开成为插入成分，插入语可以是一个词、一个短语，或是一个句子。插入语的使用可以增加语言的亮点，使句子错落有致。我们来看下面的两个句子：

Ancient men made tools of stone. For instance, they always used flint because it is easier to shape than other kinds.（未使用插入语）

Fortunately, however, ancient men made tools of stone, especially flint, because it is easier to shape than other kinds.（使用插入语）

相比之下，第二个句子读起来更为高级和书面化，因为地道的英语句子就是要写得跌宕起伏。

插入语可分以下几类。

①副词插入语：frankly, especially, fortunately, indeed, however。

例：Tourism, frankly, may promote the mutual understanding among nations.

译：坦率地说，旅游可以促进国家之间的相互了解。

②短语插入语：generally speaking, to tell the truth, in a sense, ina word, strange to say。

例：Parents, in a word, should never lose sight of the side-effects of computer games on their children.

译：总而言之，家长不该无视电脑游戏对小孩的副作用。

总之，英语的句式是多种多样的，只要从要表达的内容出发合理选用，文章的句式就会富于变化。同时，在学习写作的过程中，学生应不断练习构造各种各样的句式，以提高语言表达能力。

第四章 段 落

第一节 段落的构成及特点

段落是文章内容中具有一个完整意义的外部表现形态，是文章结构的基本单位。段落通常由若干个对一个主要观点展开论述的相互关联的句子组成。但段落并非是句子的随意堆砌，句子内容之间应该具有连贯性和逻辑性。段落表达的内容应该是单一的，一个段落只能表达一个意思，而不能把意思上互不相关的句子堆砌在一起，造成段落内容的庞杂错乱；段落表达的内容应该是完整的，一个意思应当尽量集中在一个段落里陈述，最好不要分割成两段或几段，而使段落内容支离破碎。

一、段落的一致性（unity）

段落的一致性是指文章基于一个统一的主题，段落内容应保持一致，每个段落只能阐述一个中心思想，每一个句子都应与主题句密切相关，那些与主题无关和不能展开论证主题思想的句子应删去，从而形成一个严谨的段落结构。

阅读下面段落，并分析段落是否具有一致性。

例 1：

There are few places in the world today that have not been spoiled by industrial development and pollution. The air we breathe is more often than not polluted by the smoke from factory chimneys and the exhaust fumes of motor vehicles, while chemical waste poisons our rivers, lakes and seas. And by covering more and more of the earth's surface with buildings and roads, we are erecting huge barriers of concrete between ourselves and nature. It would appear that we are purposely cutting ourselves off from nature and destroying wildlife as we do so.

这段例文中，所有的句子都是围绕着“我们的生存环境被污染，生态环境被破坏”这一主题论述的，因而具有较好的统一性。

再看下例。

例 2：

Another problem facing a number of elderly people is living on a reduced income. Upon retiring, old people may receive a pension from their company or Social Security from the government. The amount of their monthly checks is often half the amount the checks they received when they were employed. Suddenly, retirees find that they can no longer continue the life-style that they had become accustomed to, even if that life style was a modest one. Many find, after paying their monthly bills, that there is no money left for a movie or a dinner out. Of course, sometimes they can't go out because of their health. Maybe they have arthritis or rheumatism, and it is painful for them to move around. This can also change their life style. Some older people, however, discover that the small amount of money they receive will not even cover their monthly bills. They realize with horror that electricity, a telephone, and nourishing food are luxuries they can no longer afford. They resort to shivering in the dark, eating cat food in order to make ends meet.

这个段落的主题是“Another problem facing a number of elderly people”，中心思想是“living on a reduced income”。所有的句子都应围绕这个主题。但是在这个段落中，有以下三个句子并没有讨论这一特定的主题，而是偏离了主旨。

Of course, sometimes they can't go out because of their health.

Maybe they have arthritis or rheumatism, and it is painful for them to move around.

This can also change their life style.

因此，应将这些句子从这个段落中删除，或应在另一个段落中展开。

再看下面论述同一题目的两个段落。试比较哪个段落具有整体一致性。

段落 1：

Progress is gradually being made in the fight against cancer. In the early 1900s, few cancer patients had any hope of long-term survival. In the 1930s, less than one in five cancer victims lived more than five years. In the 1950s, the ratio was one in four. Currently, the ratio is down to one in three. The gain from one in four to one in three represents about 58, 000 lives saved each year.

段落 2：

Progress is gradually being made in the fight against cancer. In the early 1900s, few cancer patients had any hope of long-term survival. But because of advances in medical technology, progress has been made so that currently one in three cancer patients survives. It has been proven that smoking is a direct cause of lung cancer. However, the battle has not yet been won. Although cures for some forms of cancer have been discovered, other forms of cancer are still increasing. Heart disease is also increasing.

这两个段落都是讨论关于"surviving cancer"问题的，两段的主题句相同，且均位于段首。第一段例文阐明主题句之后，用连续直叙的方法展述，并用三个辅助句以具体事实对其观点进行论证，结论句在前面展述的基础上进行总结，并与主题句相呼应。整个段落紧扣主题，结构层次清楚，具有统一性。在第二段例文中，并不是每个句子都紧扣主题，破坏了段落内容的整体性，段落显得缺乏统一性，因而是不可取的。

二、段落的连贯性（coherence）

连贯，一是指结构上的连贯，二是指内容上的连贯。也就是文章的结构层次和连接应按照一定的逻辑顺序编排，在一个句子衔接下个句子时或是一个段落连接下个段落时，必须合乎逻辑、连贯紧凑、没有跳跃。这样，句子或段落衔接自然流畅，文章层次分明，脉络清晰，读者就会比较容易跟随作者的思路深入理解写作内容。

要保持段落连贯性，主要有两种方法。

（一）使用连接成分

使用某些连接词和短语，重复某些关键词，可以大大增加段落的连贯性。某些连接词、短语和关键词可以起黏着物的作用，把各部分连接起来，使句子间的关系更加清楚。

连接成分主要有连接词、指代词、重复关键词三种类型。

1. 连接词

连接词是保持段落连贯的一个重要方法。连接词像桥梁一样把一个句子的意思同另一个句子连接起来。连接词是用于指示写作方向的词语，告诉读者作者什么时候阐述一个相同的意思，什么时候阐述一个相反的意思，什么时候举例，什么时候给出结果或结论。因此，运用连接词不仅能使行文连贯，而且能指导读者及时跟随作者的思路进行阅读，清楚地掌握该段的脉络。

常用的连接词有：表示时间关系的连接词（above all、at first、at last、eventually 等）、表示空间关系的连接词（above、across、around、in front of、in the distance、in the middle of、opposite to 等）、表示举例说明的连接词（a case in point、as an illustration 等）、表示条件关系的连接词（as long as、even though、on condition that、otherwise、provided、unless 等）、表示递进关系的连接词（additionally, besides, furthermore, in addition, moreover, not only. …. but also, too, what's more 等）、表示因果关系的连接词（accordingly, account for, as a result, because, because of, consequently, contribute to, owing to, result from, result in 等）、表示比较与对比关系的连接词（by contrast, compared to, compared with, on the contrary 等）、表示总结与归纳的连接词（in a word, in brief, in conclusion, in general 等）。

例如下面这段文字，请找其中的找出连接词：

Nowadays, under the new tuition system, an increasing number of students, especially those poverty-stricken students, now seem to be defeated by the crushing tuition burden. Therefore, many people complain that the new tuition system keeps poverty-stricken students away from college. However, in my opinion, the new tuition system does add much difficulties to the poor students but it will never keeps them away from college. First, in carrying out the new tuition system, the government should provide some special policy for poor student. Besides, they are entitled to take a loan from banks or do some part-time jobs during their spare time, such as weekends and holidays. Finally, they can try to win scholarship by additional efforts. In short man proposes, and God disposes. No one will be kept out of college due to financial burden unless he is defeated by himself.

在这段文字中，使用了如下连接词：therefore（因此）、however（然而）、but（转折）、besides（递进）、finally（时间顺序）、in short（总结归纳）。

2. 指代词

指代词包括人称代词、物主代词和一些特定的词语。在写作时，可以通过人称代词或物主代词代替文章中重复出现的词，使段落内部各部分之间更为连贯。

例如：

But I think the solution to the problem lies with the families, who need to be more aware of the future consequences of spoiling their children. If they could raise them to be considerate of others and to be social, responsible individuals, the whole community would benefit.

在第一句提及 families 之后，后面部分使用了人称代词 their、they 指代 families，避免重复的同时达到了段落的连贯。

3. 重复关键词语（repetition of key words）

例：阅读下面的段落，并指出段落是通过何种方式达到连贯的。

① Until recently daydreaming was viewed as a waste of time. ② Or it was considered an unhealthy escape from real life and its duties. ③ But now some people are taking a fresh look at daydreaming. ④ And it may be that more people are suffering from a lack of daydreaming than are suffering from too much of it.

解析：段落是通过连接词语、代词以及关键词的重复达到连贯的。

连接词语：①“until recently”②“or”③“but”④“and”

代词：① daydreaming ② it ④ it（the second one）

重复关键词：① daydreaming ③ daydreaming ④ daydreaming

（二）按照一定的逻辑顺序排列句子

采用何种逻辑顺序应取决于文章的主体和写作目的。最常用的逻辑顺序是时间顺序、空间顺序和主次顺序。请看下面的段落。

In my 25 years as a secretary, I have had to master three different kinds of writing machines. I began my career on the manual typewriter. I soon learned to handle it efficiently and typed between sixty-five and seventy words per minute. Then ten years later, I found myself being forced to adapt to an electric typewriter. At first, I swore I preferred a manual because I had trouble remembering not to hit the keys as hard. Also, it took me several days to quit reaching for a carriage return. After a while, however, I would not have considered returning to a manual. Recently, I was persuaded to give up my electric typewriter for a word processor. Always resistant to change, I complained in the beginning about having to remember the new keyboard and the commands. But after using the word processor for less than six months, I don't believe I would consider returning to the age of the electric typewriter.

这个段落是以时间顺序而展开的，时间关联词 then ten years later、at first、after a while、recently 等的使用使段落的逻辑关系变得非常清晰。

第二节　如何写好主题句、扩展局与结尾句

完整的段落通常由主题句、扩展句和结尾句三部分构成。本节将重点介绍主题句、扩展句和结尾句的写法。

一、主题句的写法

主题句（topic sentence）是表达段落主题的句子。它用以概括段落大意，要求全段其他文字都围绕它展开。主题句通常放在段落的开端，其特点是开门见山地摆出问题，然后加以详细说明。其作用是使文章的结构更清晰，更具说服力，便于读者迅速地把握主题和想象全段的内容。

主题句可放在句首、句中和句尾。主题句放在句首是一种好的写作方法，可

以时刻提醒作者不要跑题，而且便于读者阅读理解。主题句放在句中，对段落的组织较困难，一般用在记叙和描述文体中。主题句放在句尾通常是段落的开始列举事例或事实，最后总结归纳，引出段落的主题思想。有时作者为强调起见，在段落的开头点明了主题，结尾又会重复主题，但不是简单的重复，而是在意思上与开头相呼应，或者对段落内容进行总结。

阅读以下三个段落并找出主题句。

例 1：Smoking is harmful to your health. Experiment show that smoking can cause cancer，the most serious disease .Smoking can also cause other health problems. For example, it gives one a "smoker's cough". Finally, studies have shown it is easy for smokers to catch colds. Whether you get an unimportant cold or the terrible killer, cancer, smoking is harmful. Is it worth it?

例 2：Albert Einstein, one of the world's greatest scientists, failed in his university entrance exam on his first attempt. William Faulkner, one of America's famous writers, never finished college because he could not pass his English courses. Sir Winston Churchill, who is considered one of the masters of the English language, was very poor in English during middle school. These few examples show that school performance does not always predict failure in life.

例 3：Karaoke, which was invented by a Japanese, is one of the greatest wonders of modern technology. Needless to say, Karaoke is a good way of rest. You can learn a new song easily. It's also a good way to make your friends happy. Nearly every body has a chance to be a singing star. However, everything has two sides, so does Karaoke. It's noisy to your neighbors. Besides, if you don't sing well, they will feel uncomfortable. In fact, you are sure to make a sound pollution.

在以上三个段落中，例 1 的主题句——Smoking is harmful to your health 出现在段首，例 2 的主题句——These few examples show that school performance does not always predict failure in life 出现在结尾，而例三的主题句——However, everything has two sides, so does Karaok 则在段中。

要写好主题句，应把握三个要点。

第一，主题句必须是一个完整的句子，包括一个主语、一个谓语动词，常常还带有其他修饰语。下面的例子中虽然有的包括主题思想，但并不是完整的句子。

Driving on freeways.（缺少谓语）

How to register for college classes.（缺少谓语）

The benefits of television to children.（缺少谓语）

可将上述句子修改如下：

Driving on freeways requires skill and alertness.

Registering for college classes can be a frustrating experience for new students.

Television benefits young children in three major ways.

第二，主题句由主题词和主题思想的表述两部分构成。主题词表明讨论的对象。主题思想的表述部分限制或控制这个主题在一个段落中能够被论述的具体方面。它应该是能够展述主题思想的一个词或一个短语，即关键词。关键词要尽量写得具体些。

例：Generally speaking, sports can keep people healthy and strong.

该句中的主题词是 sports，表达主题思想的关键词是 keep people healthy and strong.

例：Gold, a precious metal, is prized for two important characteristics.

该句中 gold 是主题词，two important characteristics 是表达主题思想的关键词。

例：The Women's Movement has had several effects on the English language.

在这个主题句中，表达主题思想的关键词是 several effects，它规定了谈论的主题和内容。为了论证这个主题思想，作者应提供具体细节或实例来回答这样的问题："What effects does the Women's Movement have on the English language?" 有可能列出以下影响：

A. It has created Ms.,a title for women comparable to Mr. for men.

B. The Movement has changed the ending of several compound words from man to person.

C. The Movement is responsible for some new terms.

例：Students on this campus recently voiced several complaints.

在该主题句中，表达主题思想的关键词是 several complaints。因此，在主题句后，应辅以细节来论证主题思想 several complaints 。

有可能列出下列事实：

A. They voiced dissatisfaction with the campus lighting.

B. They expressed their disgust with the cafeteria food.

C. They protested the grading politics of the instructors.

例：Smoking cigarettes can be an expensive habit.

该主题句中，主题词是 smoking cigarettes，主题思想是"Smoking cigarettes can be expensive." 在此句中 expensive 是表示主题思想的关键词，在展开主题句的段落中，应论证吸烟的确是开销较大的一种习惯。下面是一个说明主题展开的段落提纲。

A. Cigarettes cost about seventy-five cents.

B. The average smoker smokes two packs a day.

C. The annual expense for this smoker is $547. 50.

D. The smoker must also pay for extra cleaning of carpets, furniture, and clothes.

第三，由于主题句仅仅提及主题思想，因此它只是一种概括性的陈述而不提供具体的细节，它能被段落中其他句子解释、论证或分析。主题句应该对该段落内容进行适当概括和限制。主题句如果太过笼统，就不能包含具体的思想和观点，对段落如何展开缺乏指导和限定，使读者由于内容太空泛而很难确切地知道本段要谈论的内容；主题句如果太具体，读者就会发现作者对这段内容已无发挥、充实的余地，而无法将主题句展开。

请对比以下三个主题句。

A. American food is terrible.

B. American food is tasteless and greasy because Americans use too many canned, frozen, and prepackaged foods and because everything is fried in oil or butter.

C. American food is tasteless and greasy.

A 句作为主题句不合适，因为句子内容阐述过于笼统和抽象，段落扩展的发挥点不明确。

B 句缺乏概括性的特点，局限于某个具体事务，而在文字和内容上无法再进一步展开。

C 句具有概括性的观点，可以通过列举事实、说明理由，补充细节材料，展开段落内容，因此比较而言是一个比较好的主题句。

例如下面的句子，是否能做主题句？

Hong Kong is famous for its developed economy, high standard of living, and intercultural atmosphere.

这个句子包含了过多的信息，主题不明确会使段落缺乏统一性。句中所阐述的三个部分的内容是互不相关的，不能放在一个单独的同段落内叙述，而应放在三个段落里写。若将句子改写为“Hong Kong is famous for its developed economy.”就可以成为一个比较好的主题句了。

二、扩展句的写法

扩展句是主题句的延伸，是段落中对主题句进行具体论证的句子，即以具体的和真实的细节对段落主题进行阐述、说明、举证或引申，从而扩展深化主题。学生在英语写作中存在的一个最大的问题是常常在文章中缺乏足够的信息和具体细节来说明或支持段落主题。要写好扩展句，必须注意所有扩展句的阐述都要与主题密切相关，要有充分的论证细节来说明主题思想，保持句子的连贯性，所有的句子都应按其逻辑顺序排列。

例：My roommate Paul possesses the characteristics of a good student. One of his characteristics is always being prepared for classes. For example, when his philosophy professor assigns a class discussion on the idea of Kant（康德），he goes to the library and does extensive research on the subject. In addition, when his English instructor assigns an out-of-class essay, he brings to class the final copy of an essay that he has revised several times.

在这个段落中，扩展句以简明和独特的具体实例来论证和展开主题句，而且所有句子都统一于这个主题。

例：请用具体的例子围绕下面的三个主题句写扩展句。

A. I am a very sensitive person.

B. I am a very independent person.

C. I think I would be a good friend.

可将 A 句扩展如下：

I am a very sensitive person, and that's good to a point. I feel everyone should be able to feel or understand what others are going through. But when you hurt, cry, or are unhappy for people you don't know, or for a movie that is not real, then I think that's a little too sensitive. That's the way I am.

可将 B 句扩展如下：

I am a very independent person. I must do things for myself. I don't like people doing things for me, or helping me, or giving me things. It's not that I don't appreciate it, because I do. I just feel that when someone does something for you, you owe them, and if there is one thing I don't like to feel, it's that I owe anyone anything.

可将 C 句扩展如下：

I think I would be a good friend. I would do almost anything for someone I like, and would share or give anything I have. I'm very caring and understanding. People trust me with their secrets, and they're right for doing so because I never tell any secret that is told to me. I'm always there to help in any way that I can. All you have to do is ask for a hand from me.

三、结尾句的写法

结尾句的主要功能是对段落要点加以总结，对主题加以评论，给读者留下深刻的印象。可以使用表示段落结尾的转承信号词，如 in conclusion、in summary、 finally、in brief、in sum、to conclude、all in all”等。

请根据下列提纲写结尾句。

主题句：There are three things that would make me the happiest person in the world: a happy family life, a satisfying career and inner peace and security.

扩展部分：

What does a happy family life bring to me?

What does a satisfying career bring to me?

What does inner peace and security bring to me?

在这个段落中，主题句阐述了成为世界上最幸福的人的三个要素，中间段主体部分分别阐述了这三个要素究竟带来了什么，结尾段可进行如下的归纳总结：

In conclusion, if I could have a happy family life, a satisfying job, and inner strength, I would be contented and satisfied with my life.

第三节　英语段落的展开模式

一、列举法（Listing）

列举法是指在主题句之后列举一些足以支持主题句观点的具体细节。这种具体细节一般是事实描述、数据、例子等。一般来讲，所列举的具体细节按照重要性递增的顺序排列。列举法常常和举例法结合起来使用。我们来看看下面这个用列举法展开的段落。

Chatting Online—My Most Rewarding Experience

① As one of my most rewarding experiences, chatting online has brought a lot of benefits to my life. ② For one thing, it helps me avoid nervousness and embarrassment I used to feel in regular talks. ③ Unlike the face-to-face conversation, it offers me much freedom in time to think out my ideas and prepare them well before posting them on the screen. ④ For another, it adds no little to the improvement of my English. ⑤ Through online chatting, I have more chances to speak with native speakers, thus bathing myself in the sea of genuine English. ⑥ The most valuable result of chatting online is that it gives me insights into other cultures and keeps my mind open to better ways of seeing things. ⑦ Now I tend to see things from a more objective perspective. ⑧ In short, there is not anything in my free time that is more beneficial than chatting online.

根据本段的主题句——①句，作者列举了三个理由——②④⑥句，分别由 for one thing, for another, the most valuable result 等连接词语引出，并分别给予必要的进一步的阐述——（3）（5）（7）句（二级扩展），使得该段条理清楚、层次分明、内容连贯。

常用于列举法段落的过渡词有以下几组。一般要相互呼应，不混用。

First...，second...，third...，last

firstly...，secondly...，thirdly, ...finally

the first......，second......，third ......，the last

to begin with/to start with/in the first place...，then/next/in addition（to）/ besides/also/moreover...，furthermore /what is more...，finally 运用列举法展开段落的写作模式如下：

Topic sentence—Detail 1—Detail 2—Detail 3...，Concluding sentence.

二、举例法（Exemplification）

作者通过举出具体事例来阐述、说明主题句的内容。严格地讲，举例法也是列举法的一种，它们的区别在于：列举法侧重罗列事实，所列事实力求全面；而举例法侧重通过举出典型事例来解释作者观点，且事例可多可少。我们来看看下面这个用举例法展开的段落：

There are many different forms of exercises to suit different tastes. For example, those who enjoy competitive sports may take up ball games. For another example, if they prefer to exercise alone, they can have a run or take a walk in the morning or in the evening. Besides, people can go swimming in summer and go skating in winter. In short, no matter what their interests are, people can always find more than one sports that are suitable to them.

本段采用了三个事例来说明主题句，分别由连接词 for example, for another example 和 besides 引出，最后由 In short 引导的结尾句总结全段内容。

常用于举例法段落的句型、句式和词语有：

For example/instance, There are many examples to show that...

This can be illustrated shown by the following examples instances.

One example is...Another example is...

An example of this is involves...

运用举例法展开段落的写作模式如下：

Topic sentence—one or more examples—Concluding sentence.

三、时空顺序法（Time and Space Sequence）

时空顺序法是按照事物本身的时间或空间的排列顺序，通过对一些特有过渡连接词的使用，有层次、分步骤地表达主题的一种写作手段。用这种方法展开段落，作者能够清楚连贯地交代事物的本末，从而使读者可以清晰、完整地理解文章的含义。

Yesterday was one of those awful days for me when everything I did went wrong. First, I didn't hear my alarm clock and arrived late for work. Then, I didn't read my diary properly and forgot to get to an important meeting with my boss. During the coffee break, I dropped my coffee cup and spoilt my new skirt. At lunch time, I left my purse on a bus and lost all the money that was in it. After lunch, my boss was angry because I hadn't gone to the meeting. Then I didn't notice a sign on a door that said "Wet Paint" and so I spoilt my jacket，too. When I got home I couldn't get into my flat because I had left my key in my office. So I broke a window to get in and cut my hand.

本段采用的是时间顺序法，根据本段主题句中的关键词组 everything I did went wrong，作者按时间顺序列举了他所做的八件错事，分别由 first、then,、during the coffee break、after lunch 等连接词语引出，使得该文条理清楚、内容连贯。

再看一例：

In the flat opposite, a woman heard the noise outside. When she looked out through the window, she discovered that her neighbor was threatened by someone. She immediately called the police station. In answer to the call, a patrol police car arrived at the scene of the crime quickly. Three policemen went inside the flat at once, and others guarded outside the building to prevent anyone from escaping.

本段是按照事物发展的空间和先后顺序，叙述从发现案情、报警到警察赶到、包围现场的过程。作者采用了许多表示空间位置的词汇，如 in the flat opposite、outside、lookout through the window 等，使读者仿佛身临其境。

常用于时间顺序法段落的过渡连接词有 first、at the beginning、to start with、after that、later、then、afterwards. in the end、finally 等可以表示时间先后的词汇。

常用于空间顺序法段落的过渡连接词有 inside、out of、in front of、behind、at the back of、next to、beside、on、over、above、under、beneath、beyond、on the corner、on the opposite side of、between 等可以表示空间位置的词汇。

四、因果分析法（Cause and Effect）

因果分析法是通过分析事物的因果关系来展开段落。我们可以先提出某种现象，然后分析导致这种现象的原因，这就是一果多因；也可以先给出原因，然后再说明原因导致的结果，这就是一因多果。运用因果分析法展开段落最好把主题句放在句首，即一果或一因放在开头。请看下例。

① Whenever we turn on TV, we will see advertisements. ② Advertisements are one of the most frustrating parts of watching television. ③ In the first place, the advertisements waste time. ④ For instance, in order to see a 90-minute movie, we have to spend another 20 to 30 more minutes watching advertisements. ⑤ In the second place, the advertisements interrupt the viewers. ⑥ For example, the viewers may forget the plot of a show during the advertisements. ⑦ In the third place, they make people under constant economic pressure. ⑧ The ads make many products look more attractive than they really are. ⑨ They always make people spend more than they can afford. ⑩ Since ads could not disappear from TV screen, the television viewers must be aware and critical of the advertisements in order to endure them.

此段为因多果，其中，①是引导句，②是主题句，③⑤⑦是扩展句，④⑥⑧⑨分别是③⑤⑦句的二级扩展句，⑩是结尾句。

常用于因果分析法段落阐述原因的句型和词语有：

The explanation is that...

There are several reasons why/for...

The cause of...is...

The reasons for...are...

...is the result of...

...is caused by/due to/because of...

because、since、now that、because of、as a result of、on account of、for this reason、owing to、due to、for、as、thanks to、result from The result/effect/consequence of...is...

...will rosult in...

Therefore，...

As a result（of），...

Lead to, result in, contribute to, so that, thus, hence, consequently, so, accordingly, in view of...

五、比较对照法（Comparison & Contrast）

比较和对照都是通过把两个事物放在一起相比来展开段落、说明问题。比较着重于对比事物的相同点和相似处。对照则着重于相比较事物的不同点甚至是相反的方面。两种方法既可单独使用，也可根据需要一起使用。

常用的结构有以下两种。

第一种结构称之为块式结构，假如比较的事物为 A 和 B，文章首先把有关事物 A 的全部要讨论的内容讨论完，再转入事物 B。

例如：

Professor Wright, who teaches English poetry, is about forty. He has an easy-going personality. He is lively and friendly. He mixes more with the students. However, he doesn't work hard. Professor Hunter, on the other hand, is also about forty. He teaches management. He has a dignified personality and is always serious-looking. I never see him smile. There is always a sore look on his face when a student is late or when a student makes a mistake. But he works like a beaver.

本段为块式结构，先集中叙述了 Prof. Wright 的特点，再叙述 Prof. Hunter 的特点与之相对照。

第二种结构称之为点式结构，即首先就事物 A 和事物 B 的要比较的内容的第一方面进行比较或对照，然后再比较或对照 A 和 B 的第二个方面。请看下例。

① If my choice were restricted between doing science and going into business, the former would hold more attraction for me. ② For one thing, a businessman has to waste his precious time beating one bargain after another with his counterparts. ③ By contrast, a scientist can always spend his valuable time attacking one profound problem after another in science. ④ For another, a businessman, once involved in a dirty or illegal deal, tends to place himself on the road to crime. ⑤ In contrast to that, a scientist, once involved in a potential or landmark research, is more likely to put himself on the way to success. ⑥ The most striking difference between both lies in their contributions to society. ⑦ What a businessman has achieved may be of much profit to his firm or his circles while what a scientist has fulfilled will be of great benefit to his field or the whole human society. ⑧ From the comparisons and contrasts above, therefore, anyone can conclude that my preference for doing science is more reasonable and more acceptable.

本段为点式结构。段中①为主题句，②④⑥为 A 事物的三个方面，③⑤⑦则为与之相对照的 B 事物的三个方面，⑧为结尾句。

常用于比较法和对照法段落的过渡连接词有：

There are some /many/a few similarities between...

A and B seem to have much in common.

A and B seem to have some features in common.

A has something in common with B.

A shares some common features with B.

There are some /many /a few differences between...

Compared with A, B...

六、分类法（Classification）

当要说明的事物比较复杂或包括的内容比较多时，常常将其分成更小的类别，这便是分类法。在阐述某一概念的段落中，常用分类法。通过对概念中所包括的事物进行分门别类，分别加以叙述，使读者有更为清晰的认识。例如：

Ever since humans have lived on the earth, they have made use of various forms of communication. Generally, this expression of thoughts and feelings has been in the form of oral speech. When there is a language barrier, communication is accomplished through sign language in which motions stand for letters, words and ideas. Tourists and the people unable to hear or speak have had to resort to this form of expression. Many of these symbols of whole words are very vivid and exact and can be used internationally；spelling, however, cannot. Body language transmits ideas or thoughts by certain actions, either intentionally or unintentionally. A nod signifies approval, while shaking the head indicates a negative reaction. Other forms of nonlinguistic language can be found in signal flags, morse code, and picture signs.

在该段中为了说明 topic sentence 中的“various forms of communication”，作者将其分为 oral speech、sign language、body language 及 other forms of nonlinguistic language，并逐一阐述。

常用于分类法段落的句型、句式有：

Sth may be classified divided categorized put into several types the following kinds two categories three main groups according to on the basis of depending upon...

Sth. consists of comprises...

The classification is based upon...

第五章　英语写作中的修辞与文化

第一节　英语写作中的修辞

一、英语修辞学的起源

英语修辞学起源于西方古典修辞学，可以追溯到古希腊时期的古代雄辩术，迄今已有 2 500 多年的历史了。修辞学（rhetoric）这一名词来自希腊语的 thema 和 rhetor 这两个词，前一个的意思是词（a word），后一个的意思是演说课教师（a teacher of oratory），而且这两个词都派生于动词 ciro，它的意思是说话（lsay）。可见，最初的修辞学只是和口头语言有关。在英语里，修辞学最初是“引进”学科，这种状态延续了上千年之久。直到 16 世纪以后，英国才开始有了威尔逊、坎贝尔等负有盛名的修辞学家。人们通常把乔治 · 坎贝尔、休 · 布莱尔和理查德 · 惠特利等修辞学家分别于 1776 年、1783 年和 1828 年所著作品的问世看作是传统修辞的终结和现代英语修辞学的开始。

古希腊一个名叫克拉克斯的人和他的学生狄西亚斯最早创立了用一系列的规则来解决财产诉讼纠纷。这两个人被认为是西方最早的修辞学家。

真正具有里程碑意义的修辞学大师是亚里士多德，他对修辞学做出的开创性贡献和划时代意义迄今无人能够超越。因此有学者指出，今天所说的“西方古典修辞学，其实是亚里士多德理论体系以及西塞罗和昆提利安对这一理论体系的进一步发挥”。亚里士多德在《修辞学》里系统地介绍了修辞学中几乎所有基本概念的定义。修辞学是什么呢？亚里士多德对于修辞学所下的定义是：修辞学是一门发现适用于任何主题的劝说方式的艺术（the faculty of observing in any given case the available means of persuasion）。英语的修辞学（rhetoric）就源于希腊文 rhetorica 与拉丁文 rhetorike，其本意就是“演讲的技巧”。这个本意也就是亚里士多德的《修辞学》一书主要的讨论范围。对于这门学科的性质，亚里士多德主张它是辩证法的分支，也是伦理学的分支。他将修辞学核心概念“劝服”策略细化为以下三种：诉诸讲演者的人格和权威、诉诸听众的情感以及诉诸论辩本身。对于论辩中所采用的修辞手段则一般有例证法和三段论。他把演讲分成三类：议政演讲、法律演讲和宣德演讲。其中，议政演讲要求人们去做或不做某事；法律演讲不是抨击就是辩护，参与的人们必须选择其一；宣德演讲不是赞扬就是谴责。虽然有区别，但它们都具有清晰的目的性。在宣德演讲中，亚里士多德把“德”定义为“提供和保护善良的能力或者带来许多好处的能力”，他把美德分为正义、勇气、节制、高尚、慷慨、开明、和蔼、审慎、智慧等并赋予它们不同的等级，其中人类最高的美德是正义和勇气。

二、英语写作中修辞的运用

修辞手段一般主要用于文学性写作中。但在英文写作中有时也需要运用一定的具有英文特征的修辞手段，而且运用得好，会使语句生动从而增添语句亮点。因此，掌握一些常用修辞手段对于实现语句亮点也是非常必要的。对于英语写作来说，主要应该掌握以下修辞方法。

（一）比喻

比喻从直觉与形象出发，“把一个事物的名称用于另一事物”（亚里士多德，《诗学》），“用一个事物来理解另一个事物”（莱考夫、约翰逊，《我们赖以生存的隐喻》），变抽象为具体，化深奥为浅显。同时，亚里士多德在《诗学》中还指出，“比喻是天才的标志”。尼采也说，“人的认识在原则上就是隐喻性的”。在人类有了逻辑思维以来，隐喻性思维，包括直觉思维和形象思维，仍然是人类认识世界的主要方式之一，是人类从已知通向未知的桥梁。

比喻因其形象、生动，也是语言的快乐家园。比喻可细分为明喻、隐喻、转喻、提喻、引喻等。

1. 明喻

明喻（simile）源于拉丁语 similis，其意为“像（like）”，是英语里最常用、最简便的修辞格。它根据人们的联想，利用不同的事物之间的相似之处，借助比喻词 like、as 等连接，起到连接的作用，清晰地说明甲事物和乙事物在某些方面的相像。明喻中两种相似的事物，一个叫作“本体”，另一个叫作“喻体”，本体和喻体之间用比喻词连接。

例 1：I wandered lonely as a cloud.

译文：我像一朵浮云，独自漫游。

例 2：My love is like a red red rose.

译文：我的爱像红红的玫瑰。

例 2 中 my love 是本体，is like 是比喻词或比较词（comparative word），a

red red rose 是喻体。love 和 red rose 属于两个不同事物，但它们两者有相似点，那就是“火红”“热烈或疯狂”。

明喻中主要的比喻词有 as 和 like。英语中有许多的习语均由 as 来比喻，形式为 as+adj. +as+n.，主旨明确，清楚易懂，诉诸想象，强化效果。此外，用于比喻的英语句式 as+adj. +as+n. 还经常与汉语的四字成语表达相同或相近的含义。例如：as light as a feather 轻于鸿毛、as poor as a Church mouse 一贫如洗、as close as an oyster 守口如瓶、as happy as a prince 无忧无虑、as wise as Solomon 智慧超群、as mad as a wet hen 暴跳如雷、as stubborn as mule 十分固执、as proud as a peacock 非常（很）骄傲。

以上英语的比喻与汉语的“四字格”比喻成语完全对译。这体现了多种语言表现出一定的相融性的特点。汉语成语多数由四个字组成。四字成语言简意赅、内容精辟、寓意深刻、形象生动。用 as…as 明喻句式直译“四字格”，不仅能保留汉语原有的色彩和生动，还极大地丰富了英语语言，使英语读者更多地、更好地感受汉语文化。另外，由于英汉民族在地理环境、生活习俗、宗教信仰等多方面的不同，英语的比喻与汉语的“四字格”又产生不同的语言内涵和外延。

明喻还用虚拟语气来表达，最为常见的比喻词是 as if 或 as though，或其他一些形式。

例 3：He was a beautiful horse that looked as though he had come out of a painting by Blasquez.

译文：这匹马真俊美，看起来仿佛是从一幅油画里跑出来的一样。

例 4：He woke them both up getting to bed, but when they tried to wake him up afterwards they might as well have tried to wake the dead.

译文：他去睡觉时把他们两个都吵醒了，但是后来他们想叫醒他时，简直就像唤死人一样。

2. 隐喻

隐喻（metaphor）是比喻的一种，其特点是，本体和喻体之间有相似性：本体和喻体之间不用比喻词连接，用判断动词 be 取而代之，甚至可隐喻体，或者隐去喻体仅存本体，因此又称这种比喻为“简缩的明喻（compressed simile）”。

（1）本体 + 判断词 + 喻体

这是隐喻比较常见的比喻。这种比喻的本体、判断词、喻体完整。

例 1：He is a rolling stone.

译文：他是一个见异思迁的人。

例 2：Life's but a walking shadow.

译文：人生犹如幻影。

例 3：Life is no brief candle to me. It is a sort of splendid torch which I have got hold of for a moment, and I want to make it burn as brightly as possible before handing it on to future generations.

译文：生命对于我来说，不是短暂的蜡烛，而是火炬。手持辉煌的火炬的一刻，我要尽量让它发出最明亮的光芒，然后再传给下一代。

（2）本体 + 喻体

这是一种不用比喻词，也不用判断词的隐喻，其主要句型为：A is to B what C is to D 或 What C is to D,（that）A is to B。

例 1：Reading to mind what food is to the body.

译文：读书之于大脑犹如食物之于身体。

例 2：An individual is to a country what a screw is to a machine.

译文：一个人对于国家的作用犹如一棵螺丝钉对于机器的作用。

例 3：What sculpture is to a block of marble, education is to the soul.

译文：教育之于心灵，犹如雕刻之于大理石。

从以上例句中可以看出，其实这三个的本体是两个（双本体），句子的后面部分是两个对应的喻体（双喻体），按照汉语言的习惯，通常是本体在句子的前面部分，喻体位于句子的后面部分。

另外，句型 A is to B what C is to D 或 What C is to D,（that）A is to B 可以改变为 A is to B as C is to D 或 As C is to D.,（so）A is to B。

例 4：What air is to men water is to fishes.

译文：水之于鱼如空气之于人。

3. 提喻

提喻（synecoloche）是比喻的一种，其特征为：本体不出现，只出现喻体，这一点与转喻相似。另外，提喻的本体和喻体有整体和局部或局部和整体的关系。

例 1：Many hands make light work.

译文：人多好办事。

例 2：Grey hairs should be respected

译文：老年人应该受到尊重。

例 3：No eye saw him, but a second later, every ear heard a gunshot.

译文：没有人看见他，可是瞬间，每个人都听到了一声枪响。

例 4：With tears of blood he cleaned the hand that held the steel.

译文：用血泪洗涤那握过凶器的手。

例 5：He felt at ease with all the world.

译文：他悠然自得，与世无争。

例 6：Australia beat Canada at circles.

译文：板球比赛澳大利亚（队）战胜了加拿大（队）。

例 1、2、3 的 hand、hair、eye 字面意义均为身体的某一部位，属局部，在此的意义都为“人”这一整体。例 4 中 steel 的字面意义为“钢”（材料），在此的意义为“武器”（成品）。相反，例 5、6 中的 all the world 和 Australia、Canada 则是表示整体的词，all the world 用于表示加强语气，Australia 和 Canada 是两个国家，范围大，用于表示两个球队，范围小。

（二）借代

借代（metonymy）是用 A 事物的名称来代替 B 事物的名称。A、B 两事物在某方面有着密切的联系，说到 A 自然会想到 B，这种修辞格常用于英语科技文体。

例 1：More often, the heart disease process progresses silently until symptoms occur because the pump is not supplying blood in sufficient quantity to other organs.

译文：更常见的是，这种心脏病在发作过程中并无症状，后来发生症状是因为心脏不能给其他器官供应充足的血液。

句中，用 pump 代 heart，医学上常按功能用泵比作心脏，用过滤器（filter）比作肾（kidney）等。

例 2：Generally, if carbides are to be used in wear application where they are not subject to impact loads, grades containing very small amounts of cobalt binder are specified.

译文：一般说来，硬质合金如用在耐磨损而不受冲击负荷的地方，则规定采用含有微量钴黏结剂的硬质合金。

句中用 grades 代 carbides。一般地说，由于英汉语借代习惯很不相同，汉译时通常译出实称。

例 3：I was up early and down late, set my own hand to everything, took dangers as they came, and for once in my life played the man throughout.

译文：我起早贪黑，每一件事都亲力亲为，在危险面前不退缩。在我的人生中第一次做了一个堂堂正正的男子汉。

例 4：The wolf and the pig mingled together in his face.

译文：他的脸上浮现出凶残与贪婪的表情。

例 5：Students in fifty schools are to act as guinea pigs for these new teaching methods.

译文：五十所学校的学生将作为这些新教学法的试验对象。

例句 3 中 the man 原意为“男人”，用于代替具有典型阳刚之气特性的“男子汉”。例句 4 中 the wolf 和 the pig 是两种动物。在英语文化里，狼是“凶残的”，猪是“贪婪的”，在汉语言文化里，狼也是残忍的，成语有“如狼似虎”“狼心狗肺”等，但猪却是“愚蠢的”，有“比猪还愚蠢”之说。英语借代这两种动物来表达凶残与贪婪之人。例句 5 中的 guinea pigs 第一层意思指动物，名称为“豚鼠”（a small animal with short ears and no tail, often kept as a pet）；第二层意思则指代人，意为“实验品或实验对象”（a person used in medical or other experiments）。

（三）拟人

拟人（personification）是一种修辞手法，用人来理解物，把物当作人来描写。修辞学专家 Bander 认为 personification“attributes human qualities and ability to inanimate objects, animals, abstractions and events”。而汉语修辞格拟人是比拟的一种，它是“根据想象，把外物（有生物、无生物或抽象概念）当作人来写，把外物说得写得俨然像人”。从英语 personification 和汉语拟人的定义来看，这两个修辞格基本上可以对应，都是把人以外的“物”赋予人的行为动作和思想感情，使无生命世界显得栩栩如生，从而引起人们丰富的联想。look for、know、hurt 等用法就属于拟人的修辞范畴。

英汉拟人两个修辞格基本对应的特点决定了它们的表达式也是基本一致的，主要有以下几种情况。

1. 把有生命物质当作人来描述

例 1：The hare laughed at the tortoise because he moved too slowly.（Aesop's Fable）

译文：野兔嘲笑乌龟，因为他行动极其缓慢。（《伊索寓言》）

例 2：Trees were dancing with the wind.

译文：树迎着风在飞舞。

例 1 中的 hare 和例 2 中的 trees 都是非人的动植物，在这里要么会 laugh（嘲笑），要么会 dance（跳舞），通过拟人的手段，一幅幅鲜活的画面映入眼帘。这样的说法在汉语里也是普遍存在的，如“兔死狐悲”“树欲静而风不止”等。

2. 把无生命物质当作人来描述

例 3：The colleges are looking for students that have the ability to meet the academic challenges of their college and need some form of assistance in helping with those.

例 3 中的 look for 是人特有的行为，因为只有人才具备“寻找”的能力。

3. 把抽象概念当作人来描述

例 4：Fear knocked on the door. Faith answered. And there was no one there.

译文：恐惧敲门，信念去应门。瞧啊，门外没人！

例 4 中的 fear 和 faith 都是抽象概念，这里被比拟为像人一样会敲门、应门。其实这句英语谚语说明一个道理：只要有信念，就没有什么可恐惧。

（四）夸张

夸张（hyperbole）一词源于希腊语的 huperbole，原意是 express（超过）。这是一种故意夸大其词或言过其实（overstatement）的修辞手法，重在数量、形状或程度上增强气氛的渲染与感情的抒发，言语超越事物之间的寻常逻辑，却予人以事物本质的深刻印象。

例 1：When she smiled, other people were all gay.

译文：当她面带微笑时，其他人都乐了。

例 2：She smiled, and all the world was gay.

译文：她笑了，全世界都乐了。

例 1 和例 2 是两个意义相近的句子。但显然，例句 1 是一般的表达形式，例句 2 却是夸张的说法。

例 3：For she was beautiful-her beauty made. The bright world dim, and everything beside seemed like the fleeting image of a shade.

译文：因为她太漂亮了，她的美丽使光灿灿的世界暗淡失色，她周围的一切犹如瞬息而去的烟云。

例 3 是雪莱一首诗中的部分诗句。这几句诗句与汉语中的"沉鱼落雁之姿，闭月羞花之貌"异曲同工，通过夸张，使诗意极浓，形象极美。

就性质而言，英语的夸张可分为两类，即扩大夸张（extended hyperbole）和缩小夸张（reduced hyperbole）。前者把描写对象的数量、形状、程度、作用等特征说得特别大、特别高；而后者则相反，把描写的对象的数量、形状、程度、作用等特征说得特别小、特别低。

（五）反语

故意用实际意义与字面意义相反的词语或句子来进行表达，即说反话，这种辞格叫反语。通常表现为正话反说，或反话正说。

正话反说即是用褒义的词语来表达贬义的含义。

例 1：You've got us into a nice mess.

译文：你已经使我们的处境很妙了。

例 2：It must be delightful to find oneself in a foreign country without a penny in one's pocket.

译文：身无分文流落异国他乡一定是件令人愉快的事情。

例 3：He was such a marvelous teacher that whether he recognized a spark of genius you could be sure he'd water it.

译文：他是一个了不起的教师，如果他发现一点儿天才的火花，你可以相信他一定会把它浇灭。

例 1、2、3 分别用了褒义词 nice、delightful 和 marvelous，而下文则分别用了贬义 mess、to find oneself in a foreign country without a penny in one's pocket 和 whether he recognized a spark of genius you could be sure he'd water it 来衬托上文褒义词相反的意义。

反话正说即是用贬义词语来表达褒义之含义。

例 4：Yes, heis“lazy”. He just works at least l0 hours every day.

译文：是的，他“很懒”，他每天仅仅学习不少于十个小时。

例 5：I feel I“wrong”the honorable men whose daggers have stabbed Caesar.

译文：我恐怕“冤枉”了正人君子们，他们杀死了恺撒。

（六）重复

重复（repetition）又可称之为反复或叠言，是一种修饰手段，主要是通过连续使用相同的词素、词、短语或句子结构，使语言更加紧凑连贯，同时突出某关键信息，增强语言感染力，从而达到强调之目的。此修辞格常用于诗歌、散文、演讲等。

1. 词素的重复

例 1：These coolies have been underfed, underpaid, undertaken, and everything but undertaken.

译文：这些苦力吃不饱，工资低，受尽欺凌。

例子中的重复部分为黏合词素 under-。此词素的重复凸显了苦力生活的悲惨。

2. 词的重复

词的重复主要有名词、动词、感叹词、形容词和副词重复。

（1）名词重复

例 2：-Did you hear that Bob stole money again

-Well, boys will be boys.

译文：

- 你听说鲍勃又偷钱了吗？

- 哎，江山易改，本性难移（男孩就是男孩）。

类似的重复用法还有“ahamburger is a hamburger（汉堡包就是汉堡包，天天吃，有什么好吃的）”“business is business（生意就是生意，在商言商）”“war is war（战争就是战争，是无情的）”。这些名词重复的语义比字面的意义宽，蕴含与该名词特性相关的“无所谓”“无情可讲”等意义。

（2）动词重复

动词的重复常体现动作的反复性。这一现象和汉语的动词重复极为相似。

例 3：They knocked and knocked.

译文：他们敲了又敲（不断地敲）。

（3）形容词和副词重复

形容词和副词的重复也很常见。

例 4：He is an old old man.

译文：他是一位很老的长者。

此句中的形容词 old 用了重复，其意思相当于“He is a very old man.”。

例 5：He talked on and on and on.

译文：他不停地在谈。

此句中的 on and on and on 是副词的重复现象，所表达的真正含义为“他好啰唆”，表示说话人的厌烦情绪。此外，形容词和副词的比较级也常用 more and more 模式来重复进行强调。

（4）感叹词重复

感叹词的重复在英语语篇中不常见，多出现在口语表达中。

例 6：Would you please please please please please please stop talking?

译文：求你了，不要讲话了，好吗？

此例句中用了感叹词 please 进行重复，表达一种强烈的请求，表示说话人的“极不耐烦”。

3. 短语、句子和结构的重复

短语、句子和结构的重复在英语中也很常见。

例 7：I agree with every word you've said every single word.

译文：我同意你说的每一句话。

例 8：We remain the most prosperous, powerful nation on Earth. Our workers are no less productive than when this crisis began. Our minds are no less inventive, our goods or services no less needed than they were last week or last month or last year. Our capacity remains undiminished.

译文：我们仍然是地球上最繁荣强盛的国家。与危机爆发时相比，美国工人的生产力并未下降。我们的创新能力并未下降。我们的商品和服务像上星期、上个月或去年一样，同样受到顾客的青睐。我们的能力并未消减。

例 9：Blood must be stoned for blood.

译文：血债还要用血来还。

例 10：The solder faces the powder while the beauty powders the face.

译文：战士阵前面对生死，美人帐下涂脂抹粉。

例 11：For the sky and the sea, and the sea and the sky .Lay a load on my weary eye.

译文：因为那天与海，海与天，像重担般压住了我的倦眼。

例 8 来自美国前总统奥巴马的第一次就职演说，文中的 no less 位于句子的述位部分，故称其为尾语重复或尾语反复；例 9 中的 blood 位于句首和句尾，是首尾重复或首尾反复；例 ll 中的 the sky 和 the sea 在后面反复，但反复的顺序是 the sea 和 the sky。

第二节 英汉语言结构对比

一、英汉语法比较

英汉语法可对比的内容很多，如英汉句法结构、英汉主谓语、英汉定语、英汉动词时态等。英语句子重形合，汉语句子重意合。因此，英语句子中连接词的使用比汉语多，如“She was so moved that tears came to her eyes.（她感动得热泪盈眶。)”。在英语基本句子结构 SV、SVO、SVC、SVOC 中，句型的关键在谓语，且谓语都是由动词充当。动词在句子中起着关键的作用。英语是屈折语言，动词有词性变化，且注重句子结构完整，形式规范，做谓语时必须在人称和数上与主语保持一致。例如，“Things are invented when the need is great enough. ”。汉语没有屈折变化，它是分析语，不受形态约束，没有主谓形式一致的关系，所以它的谓语结构多样、灵活。除动词外，形容词、体词、整个主谓结构等也可充当谓语。因此，中国学生受汉语思维影响，在使用英语动词时经常出现这样不合语法规则的句子。

例 1：His greatest pleasure is help others.（×）

例 2：Those new shoes very smart.（×）

例 1 错误是学生受到汉语句式的影响。汉语句式是连动式，即不同的几个动词可连续使用；而英语句式一般只能有一个动词，其他表示动作发生的时间、原因、条件、方式等只能用非谓语动词，或名词、介词等。例 2 错误在于学生受汉语形容词可直接谓语的影响。因此，在讲解这种语法现象或分析错误时要把两种语言不同的思维模式做比较，反复强调，反复训练学生的英语思维习惯，让学生打下扎实的基础。在讲解英语虚拟语气时，可利用汉语与英语相同之处产生正迁移。因为汉语中也有这样的词汇、句法来表达这种语气，如“I intended to have telephoned, but I forgot.（我原先想打电话，但忘了打。）”。其实在语法课上适当地用些汉语解释倒是能帮助学生更好地理解英语结构的形式。“对比分析”理论认为，“By comparing the native language and the target language, we would be able to find out about ease and difficulty of learning. ”。

英汉定语各自的语序、形态有明显的差异。汉语的定语一般在被修饰的中心词前，而英语的定语位置比较灵活，它有前置和后置两种。前置定语一般为单个分词、形容词、单个名词、名词所有格、名词性词组、代词等，这时两种语言基本相同。例如：a pretty girl 一个漂亮的女孩；his book 他的书；a gold ring 一枚金戒指；boiling water 滚开的水。英语中如果不定式短语、分词短语、形容词短语、介词短语和从句作定语时都要后置，修饰不定代词的定语、少数以 a 开头的形容词，以及其他一些如 -able、-ible 的形容词作定语也后置，而汉语却没有这种现象，汉语没有形态变化，少用关联词，没有定语从句，名词前的定语也不宜太长。

例 3：The girl sitting by the window is our monitor.

译文：坐在窗户边的女孩是我们班长。

例 4：A man who doesn't try to learn f rom others can't hope to achieve much.

译文：一个不向别人学习的人是不能指望有多少成就的。

例 5：A man asleep can t hear it.

译文：一个睡着的人是听不到它的。

例 6：He is the only person reliable.

译文：他是唯一可靠的人。

在学习过程中，我们可以通过对比，掌握这些语言现象和认识，通过大量的语言接触和实践来了解和掌握英语民族的思维习惯。

二、英汉语序比较

比较语序是英语的一个重要方面，与汉语语序相对比，总结出带有规律性的东西，然后再做一些固定的替换练习，以加深理解和掌握。

（一）倒装语序

汉语的倒装句一般是为了修辞的需要，属于修辞性倒装。英语的倒装句除修辞性倒装外，还有语法倒装，或称为必要倒装，这是英语话法所要求的。例如，疑问句，以引导词 there、here 开头的句子，以 neither、nor、never、only 等开头的句子，以 how、what 开头的感叹句，省略 if 的虚拟语气结构，等等。

（二）定语语序

汉语的定语不管有多长，一定要放在所修饰词的前面，而英语的定语则分为前置定语和后置定语两种。

（三）状语语序

汉语的状语通常放在中心词前面，但也有的副词在句子中可有各种不同的位置，代表不同的意义。一般的副词、短语或从句都可以因某种关系前移或后置，使句子衔接紧凑和多样化。在英语里，状语通常放在动词后面，译成汉语时，必须前移。

除此之外，汉语和英语的状语语序还有一些可以对比之处：①时间状语和地点状语同时出现在一个句子中时，英语多半是把时间状语放在地点状语的后面，而汉语则与之相反，把地点状语放在时间状语的后面；②几个时间状语和几个地点状语同时出现在一个句子中时，英语总是把小时间、小地点放在前面，从小到大，而汉语与之恰恰相反，是从大到小。这样通过对比分析，能使学生较好地把握英语语序的特点，可以避免一些由语序不清造成的错误。这说明运用英语和汉语语法的对比教学，不仅可以提高英语教学中的预见性和针对性，而且还能提高教学效果，节省教学时间。

三、英汉语态比较

英美语言学家都强调写作时多用主动语态，他们认为主动语态比较生动。尽管如此，在英文文章中被动语态还是用得较多。汉语中被动语态有不少具有被动的概念可以用主动形式来表达。

例 1：The deadline was extended for three days.

译文：截止日期延长三天。

例 2：Has the letter been mailed?

译文：信寄了吗？

例 3：A renewal notice and return envelope are enclosed for your convenience.

译文：附上新的通知及回信信封。

例 4：As oil is found deep in the ground its presence cannot be determined by a study of the surface. Consequently, a geological survey of the underground rock structure must be carried out. If it is thought that the rocks in a certain area contain oil, a "drilling rig" is assembled. The most obvious part of a drilling rig is called "a derrick". It is used to lift sections of pipe, which are lowered into the hole made by the drill. As the hole is being drilled, a steel pipe is pushed down to prevent the sides from falling in if oil is stuck a cover is firmly fixed to the top of the pipe and the oil is allowed to escape through a series of valves.

例 4 是普通的技术论文中的一段。文中有 14 个谓语动词，其中有 13 个用了被动语态，而且是一般现在时的被动语态。科技英语中大量地使用被动语态结构，是因为被动结构比主动结构更为客观。正是因为这种客观性方能突出主要论证、说明对象，引人注目。除科技英语中多用被动语态以外，还有如下几种情况用被动语态。

例 5：*Hamlet* was written by Shakespeare.

译文：《哈姆雷特》是莎士比亚写的。

例 5 中用了被动语态，比主动语态句"Shakespeare wrote *Hamlet*"更加强调句子的动作执行者，也就是说当被动语态带 by 短语时比主动语态更强调动作的执行者。

例 6：He arrived at London where he was met by his friend.

译文：他到了伦敦，他朋友去接了他。

例 6 中主句子的主语是 he，分句的主语也用 he。这样避免了主语的变更。如果分句用主动语态"He arrived at London where his friend met him."，这个复合句也可成立，但是主句与分句的主语不一致，表达方式就要逊色一些。

例 7：The picture was painted by a very good friend of mine whom I'd like you to meet sometime.

译文：这幅画是我的一位朋友画的。我想让你找个时机见见他。

例 7 由于表示动作执行者的名词词组过长，置于句尾可避免句子头重脚轻。

第三节　英汉思维方式对比

人类与动物最大的区别在于他能够思维。由于历史、文化、生活环境、地域等方面的不同，人类的思维方式有着很大的差异，形成了各民族特有的思维定式。这种思维定式的存在为研究对比各种思维模式提供了便利。而各民族的思维定式又与他们的哲学观密不可分。所以研究语言不研究思维不行，而研究思维不研究其哲学观就不能使研究入木三分。中西方在哲学观方面存在差异。在哲学上中国主张"物我交融"，从不把人与自然对立起来，追求人与自然的和谐统一，讲究悟性，要从整体上把握一个事物，悟出其中的内在关系，悟出事物的内在关系，悟出事物之所以为事物的道理。所以中国文化求全、求圆满、求和谐、求对称平衡，重个人感受和"心领神会"，重心里时空顺序。而西方哲学则主张"人物分立"，崇尚个体思维，并认为整体只有在个体对立中才能存在，崇尚形式论证，注重分析和实证，在论证和推演中认识事物的本质和规律，以逻辑和理性探索自然规律。亚里士多德创造的是非对错，对立的古典形式逻辑一向被认为是形式论证的典范。这种哲学观的差异表现为英语民族与汉民族的思维差异和英汉两种语言的差异。

一、句子思维结构对比

从句子语序观察，由于英语与汉语同属分析性语言，语序在各自的语法中具有相当的重要性，而且通常均采用“主语 + 谓语 + 宾语（SVO）”的线性排列顺序。但是，英汉在修饰语（定语和状语）的位置处理上凸显出相当的差异。

汉语句子的语序一般以思维的顺序自然展开，而中国人的思维模式基本上是首先考虑事物的环境和外围因素，然后考虑具体事物或中心事件，点出话语的信息中心，所以汉语表达方式常常呈“螺旋形（circular/spiral）”又称为“曲线思维”，简单地说，不直接切入主题，而是在主题外围“兜圈子”或“旁敲侧击”，最后进入主题。这可能与中国人谦虚、含蓄的民族特性相关。西方人的思维模式正好相反，他们首先考虑中心事物，然后才加上外围因素，其语言篇章的组织和发展是“直线型（linear）”，又称“直线思维”，即直截了当地陈述主题，把要点首先表达出来，然后再补仅各种修饰语或其他次要内容补进。这种中西方思维模式的差异反映到句子结构上，就是汉语中的状语总放在谓语或句子主体的前面，定语无论长短；都置于其所修饰的中心词之前，形成“左分支”结构。此结构的特点常常使得汉语的状语部分长，主谓部分短：主语部分长，谓语部分短；修饰成分长，中心成分短。整体上显得头大尾小。

例 1：村东头的王大妈来了，受坏人欺骗的村民们也来了。

英语句式正好相反。英语的定语成分除单词外，多数都置于中心词之后，多数英语状语的正常位置也在主干成分之后，由此形成了英语的“右分支”结构。另外，由于英语注重“尾重（end-focus/weight）”，但凡较长的词语或累赘的成分均要后置，有时甚至需要使用形式主语来避免句子头重脚轻。这样，英语句子以“前短后长、头小尾大”见多。

例 2：There came Aunt Wang who dwelt at the end of the village, and also came the villagers who had been deceived by the scoundrel.

例 1 和例 2 的语义等值，但结构对比彰显了汉语与英语句子的差异。例 1 中的两个中心词前均有一个限定修饰语，构成一个以中心词为主的长结构，而谓语则较短，仅有两个单词，两个句子都是典型的“左分支”结构。例 2 中的句子结构刚好和例 1 的句子结构相反，两个简单句子均用了同一个引导词 there，把简短的谓语置于引导词之后，还把定语分句的主语部分移置谓语之后，形成倒装句式，句子是典型的“右分支”结构。

二、具体与抽象对比

在地域文化传统以及长期的历史积淀等因素影响下，英美人一般重视用抽象概念表达具体事物，擅长抽象思维的运用，擅长分析事物。中国人恰恰相反，多运用形象的方法表达抽象的概念，偏重综合、归纳、暗示、含蓄，淡化纯粹意义上的抽象思维。这两种思维形式无不表现在语言的各个方面。

英语语言常使用大量的含义概括、指称笼统的抽象名词来表达复杂的理性概念。

例 1：Science is a method that ignores religion, race, nationality, economics, mortality, and ethics.

例 1 中的所有名词均是抽象名词，表达了极为抽象的意义，给中国读者一种“虚”的感觉。而中国人则习惯使用具体形象的词语来表达抽象的概念。中国人的形象思维较发达，这既与中国传统哲学有关，也与汉语的象形文字有关。汉语的表达给人一种“实”与“明”的感觉，如“画饼充饥”“指鹿为马”“指桑骂槐”“窈窕淑女”。这些名词都是很具体的人或事物，其中“指鹿为马”还源于历史典故，这和中国悠久的历史文化相关。

三、形合和意合对比

在不同的语言中，句子、篇章内部连接或外部连接几乎都采用四种手段：篇章衔接手段、句法手段、词汇手段和语义手段。用前三种手段连接的称为形合（hypotexis），用后一种手段连接的称为意合（parataxis）。英语句法和篇章结构重形合，句中各成分或句子之间的相互组合常用适当的连接词语，以表示其结构关系。汉语句法和篇章结构重意合，句中各成分或句子之间的相互融合多依靠语义的贯通、语境的映衬，连接词语用得少。

例 1：我买了七本书，一共七元，拿回家一看，都是半新不旧的。

译文：I bought seven books which cost me seven Yuan. When I took them back home, I found they were just half new.

例 2：林小姐这天从学校回来就噘起小嘴唇。她摆下书包，并没有照例到镜台前梳头发搽粉，却倒在床上看着帐子出神。

译文：That day Miss Lin returned from school with her lips pouting. She flung down her satchel and lay down on the bed staring up at the bed curtain. Usually, she would go and sit at the dressing table to comb her hair and power her nose.

从例 1 中看，汉语是由四个分句组成的并列复句，其中无并列连接词，仅用逗号分隔，分句之间无主次之分，同时这个并列复句有三个无主句，第二分句前省略“书”，第三分句前省略“我”，第四分句前省略“书”，而英语无论是主句还是从句都不能省略主语，这四个句子主要靠意义来连接；英语则是由两个主从复合句组成，从句子结构上体现“主次”关系或“凹凸”关系，两个复合句子靠句子结构连接。从例 2 中看，汉语篇章和英语篇章最大的区别在于，汉语没有用限定语对名词进行限定，而英语有 8 处用了限定语对名词进行限定，其中有 4 个限定词是照应代词，均回指照应名词 Miss Lin。这种照应关系很好地体现了英语句法、篇章的形合结构，而无须前后照应的汉语则是依赖意义的纽带衔接，属意合结构。

英语是偏属形合、外显的语言，汉语是偏属意合、意会的语言。其主因在于英汉民族不同的思维方式：英语喜欢采用多层面信息融合或集约的思维方式，故而英语表达中多取以主谓结构为统领、其他从属结构层层套叠的句式；汉民族好采用多层信息展开的思维方式，因此汉语表达多显散连、层层展开的并列句式。英语等印欧语言注重强调程序格式，语句意义通达严谨的语法结构形态组合手段得以表现；汉语言在思维上重领悟不重形式论证，在语法结构上不重形态组合，只重语义上合乎逻辑。

四、树式和竹式对比

英语的词组、句子之间的结构关系和逻辑关联必须交代清楚。英语的结构关系词，包括介词、关系代词、关系副词、过渡词（连接词），十分丰富。英语正是靠这些关系词的过渡与衔接，从形态上维系句内和句外的种种关系。因此，英语句子或篇章结构均呈树状，一个句子有一主干，即复合句中的主句或简单句中的主要成分，主干上枝繁叶茂，随时增加修饰语（主要为定语和状语部分），而修饰语中的某些成分又可被其他成分修饰，由此形成英语的长句。从篇章的角度看，英语有主题句（topic sentence），所有的其他句子称为支持句（supporting sentences），这些支持句都围绕主题句而展开，支持句之间多有过渡词语衔接。

汉语句子或篇章结构呈竹状，一节接一节，句子可以在同一施事者或主题下按一定的逻辑顺序铺设，虽然小句或分句间有逗号分隔，中间没有连接词，但语句的联系仍然是紧密的，这种紧密关系主要依赖意义的连接。

用范仲英先生的话可归纳英语树式和汉语竹式的区别，“一般来说，英语长句较多，而且结构比较复杂，往往从句里含有从句，短语中又有短语，宛如一棵大树，有树干、有树杈、有树枝，这就是英语的树式结构。汉语句子一般简洁明快，很少长句，恰似一根春竹，一节之后又生一节，中间掐断无伤大雅。这就是汉语的竹式结构”。

例 1：The moon is so far from the earth that even if huge trees were growing on the mountains and elephants were walking about, we could not see them through the most powerful telescopes which have been invented.

例 2：好啊，叫我研了墨，早起高兴，只写了三个字，扔下笔就走了，哄我等了这一天，快来给我写完了这些墨才算呢！

例 1 是典型的英语树式结构，以 The moon is so far from the earth 为主干，通过 that、even if、and、which 等连词和关系词"节外生枝，繁衍开来"。例 2 是典型的汉语竹式结构，一连用了十几个动词，却无太多连接，但并不凌乱，分句之间似断还连，阅后给人一种"如水在青石上轻快流动"之感。

五、主语和主题对比

英语是通过"主语 + 谓语"的句型结构进行描写的，造句离不开主语。而汉语则是注重主题的语言，经常通过一种把句首成分看作话题加以评论的句型，话题和评论在语法关系上表现为主题与述题。首先，英语的句子离不开主语，如"It seems that the weather is changing. "。但是，汉语表达同样的意思则可以用无主语句式，如"看样子，要变天了。"其次，英语的主语可以是施事者，而汉语则用话题来表达，如英语说，"I would not believe what he said. "，汉语则可以说，"他的话，我不信。"再次，英语多用连接词连接上下文，但汉语则无须用连接词连接，如英语说"If winter comes, can spring be far behind?"，汉语则说"冬天来了，春天还会远吗？"最后，英语的主语有更多的选择，比如汉语说，"他突然想到了一个新主意。"英语就可以说"He suddenly thought out a new idea."或说"A new idea occurred to him. "。

例 1：So it was that the farm poor were caught in their own past, the double victims of technology:exile from their home by advances in agricultural machinery；unfitted for life in the city because of the consequences of industrial mechanization.（结果→原因）

译文：农民由于农业机器日益用于生产而被赶出自己的家园；而工业机械化的结果又使他们在城市里无以为生。（美国）农村中的穷人就这样一来变成了技术发展的双重牺牲品，又陷入了往昔遭受的困境。

例 2：A great number of graduate students were driven into the intellectual slum when in the United States the tell ectual poor became the classic poor, the poor under the rather romantic guise of the Beat Generation, a real phenomenon in the late fifties.

译文：50 年代后期的美国出现了一个任何人都不可能视而不见的现象，穷知识分子以"垮掉的一代"这种颇为浪漫的姿态出现而成为美国的典型的穷人，正是在这个时候大批大学毕业生被赶进了知识分子贫民窟。

第六章　常用文体及其写作技巧

第一节　记叙文

要写好英语记叙文，光了解其语言特点还是不够的。同描述文、说明文、议论文等其他文体相比，英语记叙文有其特殊的写作方法与技巧。掌握了这些写作方法和技巧，往往能获得事半功倍的效果。下面介绍一些基本的英语记叙文的写作方法和技巧。

一、明确五个“W”和一个“H”

要写好记叙文，首先必须确定写些什么，然后懂得如何搜集、选取素材，而不能提笔就写，写到哪里算哪里。这里，我们可以借用新闻英语写作中经常用到的五个“W”和一个“H”的概念。即 What（什么事），Who（什么人），When（什么时候），Where（什么地点），Why（什么原因），How（怎么样）。尽管不是每篇英语记叙文都一定要将这些 W 和 H 包括进去，但是，一方面，确定写作内容、搜集写作素材必定要围绕这五个 W 和一个 H 进行；另一方面，一篇好的英语记叙文读后不应让读者还存有上述疑问。请读下面这篇简短的习作：

Last week I took part in the final piano contest at the school. On that night, I was so nervous that I could hardly move my fingers. As I waited for my turn to appear on the stage, I was sure I had forgotten the opening notes of my piece of music. I began thinking of ways to run away ; maybe I could faint or pretend to be very much ill. But then at the last minute my piano teacher came by to wish me luck and said something that suddenly changed everything. When my turn came, I played with ease and confidence. Although the results of the contest were disappointing, I was pleased that I had conquered one of my major enemies-stage fright.

本文给读者留下了两个疑问：①老师究竟说了些什么（What）使得一切突然发生了变化；②既然“轻松自信地”进行了演奏，为何（Why）结果会令人失望。由于文章没有很好地处理这两个 W，所以尽管文笔不错，还是一篇没有写好的记叙文。

二、确定以第几人称以及何种顺序展开记叙

一般来说，英语记叙文展开记叙的视角有两个：第一人称和第三人称。第一人称是从“参与者”的角度进行记叙；第三人称是以“观察者”的身份展开叙述，要根据具体情况合理选用。

在用第一人称的记叙文中，不要过多地使用“I...”“We...”这样的句型，以免给人单调乏味的感觉。在以第三人称进行记叙时，要避免过多的评论，以致失去记叙文的客观性。另一方面，确定了记叙视角后，不可再随意变来变去，以免破坏文章的连贯性以及打乱读者的思路。

在确定了记叙的视角后，还要确定以何种顺序展开记叙。在英语记叙文中，最常用的是按事情发生的时间顺序进行记叙。有时也采用不按时间顺序的倒叙、插叙等方法，可以产生某种特定的效果。

下面是从第一人称角度，按事情发生顺序所写的一篇较好的习作。

An Unusual Autumn Night

It was a cool autumn night. Many people were already deep in sleep, but I was still reading an interesting novel. Suddenly I smelt something burning. I looked out of the window. Oh, my god! A fire had broken out! A house on the opposite side was on fire. It was my classmate, Lily's house. Flames were shooting out of the kitchen windows. Smoke was everywhere. “Fire! Fire! Help! Help! ” I cried out at the top of my voice. Then I called the fire brigade. By this time, many neighbours had been waken up and were running out. I took a pail and joined the people in putting out the fire. Luckily, Lily and her parents came out in time. They were so frightened and nervous that they could do nothing but cry. I was about to go to comfort them when suddenly I thought of the big colour TV set in their living room. It would explode and cause more damage if the fire reached it. I rushed into the house without much thinking. I found the TV set quickly, but couldn't move it. The flames were coming. I tried all I could to push out the table on which the TV set was placed. The table suddenly moved and I fell my leg hurt. Just at that time, two firefighters appeared. One carried me out and the other carried out the TV set.

About half an hour later, the fire was put out. Fortunately, it didn't destroy many things. Of course it didn't spread to other houses either. Lily's parents were so thankful that they couldn't say a word. My neighbours and the firefighters said I was a brave girl.

Later that night, I didn't sleep a wink, not that my injured leg hurt much but that I was excited. I thought a lot. In this world, there are still bad things——theft, robbery, wars, but there are more good-natured people. If everyone does a bit for others, the world will become much better.

三、在塑造人物、展开情节上下功夫

像写汉语记叙文一样，要写好英语记叙文也必须在塑造人物、展开情节上下功夫。我们记叙的任何事情都是要由人来进行的，人物塑造的好坏是衡量记叙文好坏的一个重要标准。因此，人物，特别是主要人物的动作、言语如何记叙表达都应该仔细推敲。另外，所述事情的情节展开也不能面面俱到地“报流水账”，而要突出重点，详略有致。还应该有意识地采用类似“设置悬念”“前后呼应”等的写作手法，以吸引读者的兴趣。

请读下面这篇摘自人民教育出版社出版的高一英语教科书中的短文：

My friend Paul will never forget his first chemistry teacher. He was a little man with thick glasses, but he had a strange way of making his classes lively and interesting. And his lessons were not easily forgotten.

Paul remembers one of his first lessons from this teacher. After the students were all in the chemistry lab, the teacher brought out three bottles. One was filled with petrol（汽油），one with castor oil（蓖麻油）and one with vinegar（醋）。“Now watch carefully，” said the teacher.

He then filled a cup with some of the petrol, some of the castor oil and some of the vinegar. As the students watched him quietly, he mixed the three together. After that, he held up one of his fingers and showed it to the class. He then dipped it into the cup. After a few seconds he took his finger out. “Now watch，” he said. “Remember, you must do everything as I do.

He put a finger in his mouth, tasted it and smiled, looking rather pleased. Then he handed the cup around the class of students. Each student dipped a finger into the mixture and sucked（吮吸）it. Instead of smiling, each of them made a face. The mixture tasted terrible.

When the cup was at last returned to the teacher, he said sadly，“I'm sorry, none of you watched carefully enough. Yes, I sucked a finger, but the finger I put into my mouth was not the one I had dipped into the cup. ”

It was Paul's first important lesson as a student of chemistry and he never forgot it.

全文重点突出，抓住化学课上老师让学生尝试混合液体这一细节来详细叙述，而不赘述化学课的其他环节。同时，通过着重描写尝试混合液体的过程以及相应的反应，特别是用直接引语客观表述老师的说明，令人信服地塑造了一个让人难以忘怀的教师形象。

总之，写好英语记叙文的基本方法是：首先，明确所要记叙的要素，即上面所述的五个 W 和一个 H；其次，确定以第几人称的视角以及何种顺序展开记叙，以保证记叙的条理性；最后，多在塑造人物、展开情节上下功夫，使文章能引人入胜。

记叙文的写作规律与技巧主要有以下几点：

第一，明确中心思想和写作目的——作者对文章中心思想应该非常明确，情节描写、对话叙述都应围绕中心思想展开。

第二，恰当安排写作次序——以情节发生的时间先后为序，也可从故事书中间或结尾说起，采用“倒叙”或“穿插”手法。

第三，选择生动事例和细节——首先应初步排出素材，然后选择生动有趣而又紧扣主题的典型事例，减免空洞的词句及与主题无关的内容。

第四，文章结构要体现五“何”原则——即：何时、何地、何事、何人，以及如何，也就是英文的 when、where、what、who 和 how。

第五，选择好写作角度——一般从第一或第三人称的角度来写。用第一人称，可加强故事的真实感，但叙述范围受一定限制；用第三人称，将不受限制，但要将不同的情节连贯起来，并非易事。

第二节　描写文

描写文是用语言描绘人物、事物、景色、物体、场景的图画，再注入作者的感情，给读者留下深刻印象。

一、对人物的描写

描写范围可以是描写人的面貌外表、性格、行为举止或思想感情等，一般从外表描写到内心描写，把重点放在与其他人物的不同之处。如：

A Young Man

He is a young man about 18 and 1. 75 meter in height. Being well-built, he looks like a sportsman with a tanned face. His hair is short, dark and thick with a part on his left covering most of his forehead. His two large shining eyes are accompanied by double upper eyelids and bushy eyebrows. A usual-sized mole lies between his nose and right eye. Two nostrils look large for they grow a bit upward. When he laughs, his from-ear-to-ear smiling mouth is quite charming with his white teeth so well arranged.

He speaks quite fast in a strong Beijing dialect, but while speaking, he has a habit of plucking up his lips. Without this weak-point, I think, his good-looking face and properly-apportioned figure would qualify him to be a film actor.

文章对青年的外表，特别是对他的面部特征作了具体的描写，读来如见其人。最后还幽默地提出了自己的看法："要是没有这个缺点，他那英俊的脸庞和匀称的身材使他合乎一个电影明星的条件。"这一形象的比喻更起了加深读者印象的作用。

二、对事物的描写

通过对事物外表、颜色、形状等特征的描述，把自己的情感传达给读者。如：

Mother's Kitchen

Mother's kitchen was large and pleasant. It was always filled with sunlight. Crisp curtains hung on clean windows. The sink was spotless. The sturdy stove was polished. The floor glistened. The glasses and dishes always sparkled. I still remember the spicy smells of gingerbread and lamb curry.

文章虽短，但突出了厨房中井井有条、整洁明亮的环境，以及那浓厚诱人的食物香味，使一位善理家务、勤劳能干的母亲形象跃然纸上，见字如见其人。

三、对景色的描写

既描写景象，又体现景象在作者心中唤起的情感。如：

A Day in the Park

The other day I went to the park. And unexpectedly I found in a deserted corner, a cherry tree in full bloom, just like the kind of flowers I used to see in my former school, Xi'an Jiaotong University, light pink in color. To my delight, a sense of familiarity welled up in my mind. At the same time I could not help sighing that life is just like the cherry flowers, beautiful but transient.

True to my prediction, in the afternoon I ran to the park. There was nothing left but the tender twigs. The flowers fell thick on the ground as if the spring wind were also sad about it and would not bring itself to blow on them and left them scattered everywhere.

Fortunately outside it is a beautiful world. The snow white pear flowers were glistening as if they were blooming in your face. The roses were all in bloom, vying silently with each other for beauty. Spring is really the best season of the year.

文章在描写景物的同时，通过在公园中的所见，勾起了作者对母校的怀念及对人生的感叹。

描写文的写作规律与技巧主要有以下几点：

第一，无论是描写人物、事物、景色还是别的现象，不可能面面俱到，应该选择最典型的情节，或是有别于他人、他事物的特点和事实进行描写。

第二，描写的内容必须与文章的主题思想紧密相关。

第三，可采用拟人化的手法来描写景色和事物，这样可使文章具有较强的象征意义和感染作用。

第四，要用带有感情色彩的语言描绘一幅人物、事物或景色等的图画。描写人物时，可描写人物的面貌性格行为等特点。从外表特征到内心思想感情，最终刻画出一个栩栩如生的人物来；描写景物时，可描写事物的外表特征、颜色形状以及作者对事物的印象、态度等；描写景色时，可描写客观景象的不同面貌，同时，作者注入自己的感情，通过语言把感受传达给读者。

第三节　说明文

说明文是说明、解释事物发生的原因、结果、性质、意义等。往往围绕一个“how”字展开，运用举例说明，比较分类，阐述过程、因果、定义等。其特点是就事论事，不掺杂作者的任何观点、主张。

说明文常用的写作方法及举例：

一、下定义

直接给某一事物下定义，也包括进一步通过举例、对比、比喻、逻辑推理等写作方法解释事物，使读者对事物的特点有更全面的了解。如：

Ambition means the goal in our life. To have one's ambition does not necessarily mean to become one of the chief state leaders. This is not the real sense of the word. True ambition encourages us always to look forward and not to lose hope in face of failure. Ambition differs from person to person and everyone has his own ambition. Yet not everyone of us can succeed in what we desire to do.

二、分类

将单物分成若干类型并说明或描述各事物的特点和差异。如：

There are three kinds of book owners. The first has all the standard sets and best-sellers-unread, untouched.（This deluded individual owns wood pulp and ink, not books.）The second has a great many books——a few of them read through, most of them dipped into, but all of them as clean and shiny as the day they were bought.（This person would probably like to make books his own, but is retrained by a false respect for their physical appearance.）The third has a few books or many——every one of them dog-eared and broken, shaken and loosened by continual use, marked and scribbled in from front to back.（This man owns books.）

三、叙述过程

说明事物的制作、操作、使用和运动的过程。

How to Make Jiaozi?

Jiaozi is my favorite food. Since childhood I have learned how to make it. There are five steps.

First you make the dough by mixing water into the flour. The container should be big enough lest the flour and water will overflow. Press the dough with your hands till it is not sticky. When the dough is ready, leave it there for use later and then go on to make the fillings.

The second step is to mince the meat, mushrooms and shrimps till they are mixed in a paste. Add some spice such as ginger and onion and stir them evenly.

The third step is to make the wrappings. Roll the dough with a round stick into small round pieces of wrappings, each two inches in diameter.

The fourth step is to put the filling in the middle of a wrapping. Then press the wrapping tight and a Jiaozi is ready. When you have made enough Jiaozi, the next step is to boil them.

That is the last step. Put a pot of water on the stove. When the hater is boiling, put the Jiaozi one by one into the water and cover the pot. When steam comes out, add more cold water and when it boils again add cold water a second time. when you see the Jiaozi floating in boiling water, you can put them in bowls or plates, get the chopsticks and be ready to eat.

四、举例说明

在文章中举例。举例恰当与否，次序安排及引证关系是否合适，会直接影响文章的质量和效果。

The subject studied in a university generally covers a very wide field. In his first year and his second year a student must usually follow courses in a very range of subjects in the arts and sciences, including some courses which are compulsory for all students. In his third year and his fourth year a student may specialize in his subjects, and he may follow courses of vocational interest. There may be, for example, a course in poultry marketing and even another in advanced poultry marketing.

五、比较和对照

比较和对照在英语写作中应用非常广泛。比较指对人或事件之间的相同点进行分析；对比是对人或事物之间的不同点进行比较。在很多情况下，两种方法不能截然分开。

It is easy to be a winner. A winner can show his joy publicly. He can laugh and sing and dance and celebrate his victory. People love to be with winners. Winners are never lonely.

Unlike winners, losers are the lonely ones of the world. It is difficult to face defeat with dignity. Losers cannot show their disappointment publicly. They can not cry or grieve about their defeat. They may suffer privately, but they must be composed in public. They have nothing to celebrate and no one to share their sadness.

六、因果分析

指分析某一事物或现象的前因后果。有的以原因分析为主，有的以说明造成的结果为主。

A confused student had accidentally poured a wrong mixture of chemicals in a test tube. Suddenly there was a strong explosion. Then, broken pieces of glass from the test tube flew in all directions in the chemistry lab. A silver of flying glass found its mark in John's eye. The terrified lab instructor saw blood trickling from John's left eye. Immediately he notified the university's infirmary about the accident.

说明文的写作规律与技巧：

第一，说明文的写作方法有论证、定义、分类、比较、对比、因果等。

第三，说明文用于说明事物的特点和性能，或阐明某种观念、原理或现象，完全是一种就事论事的客观描述和解释，它在实际生活中用途很广。

第三，说明文讨论问题时要集中，切忌面面俱到，要以具体翔实的材料说明问题。而不要抽象空洞地讨论；要根据问题的不同性质配以不同的说明材料，确保文章的条理性；语言要生动活泼。

第四节 议论文

议论文的目的是“说服”。力图使读者同意并支持其观点，劝说读者或改变主意或行为，或赞同文中提出的政策或行动纲领。

议论文的写作方法，基本上与说明文相同。除说明文部分已提到的几种外，最常用的还有归纳法、演绎法和逻辑法三种。

一、归纳法

从若干个别事例和现象中归纳出一般道理或看法。如：

Many Chinese men smoke. Out of excitement or anger, they smoke hard. For most females, the smell of smoking is terrible. What's more, smoking contributes to air pollution harmful to smokers as well as nonsmokers. Cigarettes with nicotine in them can cause bronchitis, pneumonia and even cancer. Smoking being equivalent to committing suicide, people should give it up in order to live longer. But I am sorry to say many people who know its danger quite well cannot rid themselves of it.

二、逻辑法

按逻辑意义将文章分成几部分，各部分既因自己的特点而独立成段，又在内容上互相关联。

Golden Rules in a Company

As an employee, you have the right to be treated fairly by your employer. But the Golden Rule cuts two ways. Here are some of the things you owe your company.

（1）An Honest Day's Work for an Honest Day's Pay

If you loaf on the job, you are stealing from your employer. If you arrive late, leave early, take long lunches, talk on the phone all after-noon, or shoot the breeze instead of doing your work, you are breaking your agreement with your employer.

（2）Your Best Efforts

The function of an organization is to produce goods or offer services. However, you are paid to get something done. If you waste your time socializing instead of working, you are wasting your company's time and money. That's not fair.

（3）Obedience to the Rules

Every organization has certain rules that facilitate its activities. You implicitly agree to abide by them when you join an organization. Disregarding those rules is a breach of your agreement with your employer.

（4）A Good Attitude

By its very nature, work involves sacrifices, some of which may strike you as being unfair. But if you strike back by neglecting your work, you are behaving unfairly.

（5）Respect for the Employer's Property

Your employer provides you with the supplies you need for your job. You should treat them accordingly, and you have no right to abuse things that do not belong to you.

（6）A Professional Appearance

When you report for work, you represent your organization. You have an obligation to be well-groomed and appropriately dressed, just as your employer has an obligation to provide you with a nice clean place to work.

三、演绎法

从一般论断演绎到用不同事例加以论述，最后回到结论。如：

When the Buck's Involved

The Maxim "Money alone sets all the world in motion" has its followers. The saying "Money sets the entire world in commotion. may claim wider acceptance, for people are difficult to deal with where money is involved.

When someone wants to borrow money from me, I get the impression that I am the only person who can solve this problem, that I am in a position to show real friendship, to prove that I am a true friend. But when the date for the repayment has passed and I remind him that I need the money, and then I suddenly become a threat to his security, an invader into his privacy, someone to be avoided.

Likewise, my experience in borrowing has convinced me that people are difficult to get along with where money is concerned. The officer of the bank is friendly enough but reserved. He has the capacity to make me nervous, to make me feel that I am asking him for a loan rather than asking the bank. Perhaps he likes to give the impression that he may not let me have it, like a cat tantalizing a mouse.

My observation of employers has further convinced me that people are difficult when a dollar is up for grabs. The employer sees employees as money-making machines, if only they can be prevented from devouring what they make. Production may be soaring and the dollars rolling in, but he sees only pennies, the pennies of profit in each dollar after all the wages and all the taxes are paid. Among the employees there seems to be none of this anxiety about money, for out in the plant the atmosphere is relaxed and pleasant, that is, until the word sets out that one of them has had a raise. Then all the other employees grumble because he got a raise and they didn't. What's he done so special? Wonder how he conned the boss into a raise. Of course, the lucky guy knows what is going on around him, therefore he feels miserable and he won't enjoy working with the other men for a while.

All my experiences and observations convince me that people are hard to get along with where money is involved.

议论文的写作规律与技巧：

第一，要有一个有争议的观点，论点或文章中心思想应以肯定句形式在引言部分提出。

第二，有充足的证据，证据包括一般常识、具体事例、统计数字以及权威意见等。

第三，逻辑性强，所有事实和说理都要围绕结论展开。说理时要体现“摆事实、讲道理”这一基本原则。

第四，层次要分明，按引论提出讨论的问题并阐明讨论此问题的重要性，本论摆出证据，结论重申可能在文章开头就已提出的见解或主张。

第五，态度要友好，要实事求是，不要强词夺理。

第七章　大学英语四、六级写作

第一节　大学英语四、六级写作基本要求

一、《大学英语教学大纲》对写作的基本要求

教育部最新修订的《大学英语教学大纲》中对学生的写作能力的要求提高了。学生在达到大学英语四级水平写作时应做到：能在阅读难度与课文相仿的书面材料时做笔记，回答问题和写提纲；能就一定的话题或提纲在半小时内写出120~150字数的短文；能写短语或便条，表达意思清楚，无重大语言错误。学生在达到大学英语六级水平写作时应做到：能在阅读难度与课文相仿的书面材料时做笔记，回答问题和写提纲和摘要；能就一定的话题、提纲、表格或图式在半小时内写出150~180字数的短文；能写日常应用文（如信函、简历等），且内容完整，条理清楚，文理通顺。

二、《大学英语四、六级考试大纲》对写作的基本要求

①考试时间：30分钟。

②文章长度：四级120～150字数；六级150～180字数。

③题型：命题作文、情景作文、看图表作文、给短首句作文、给关键词作文、根据所给文章写出摘要或大意（六级要求）。

④语言：能正确表达思想，意义连贯，文理基本通顺，无重大语法错误。

⑤ 内容：四、六级作文的命题一般涉及学生的日常生活，如读书、兼职、工作、求职、体育运动、健身、旅游等。或者选自科技、社会和文化生活的一些题材，如电脑、拥有私家车、国企改革、能源短缺、环境污染等。正常情况下，题目主题的设定不会是学生了解很少的题材。

三、大学英语四、六级写作的评分标准

大学英语考试的目的是检查考生是否达到大学英语教学大纲规定的四级和

六级教学要求，对作文的评分应以此要求为准则。因为大学英语考试作文题采用总体评分（global scoring）的方法。阅卷人员就总的印象给出奖励分（reward scores），而不是按语言点的错误数目扣分。另外，作文的评判准则应从内容和语言两个方面对作文进行综合评判。内容和语言是一个统一体。作文应表达题目所规定的内容，而内容要通过语言来表达。要考虑作文是否切题，是否充分表达思想，也要考虑是否用英语清楚而恰当地表达思想，也就是要考虑语言上的错误是否造成理解上的障碍；避免趋中倾向。该给高分的给高分，包括满分；该给低分的给低分，包括零分。一名阅卷人员在所评阅的全部作文卷中不应只给中间的几种分数。

（一）写作分数

短文写作部分满分为 15 分。

（二）阅卷标准等级

阅卷标准等级：14 分、11 分、8 分、5 分及 2 分。各有参照卷一至二份。

（三）参照卷评分

阅卷人员根据阅卷标准，对照参照卷进行评分，若认为与某一分数（如 8 分）相似，即定为该分数（8 分）；若认为稍优或稍劣于该分数，则可加一分（9 分）或减一分（7 分），但不得加或减半分。

（四）作文最低分的规定

自 1997 年 6 月起，全国大学英语考试委员会正式实施了在计算成绩时设“作文最低分”的规定，其目的是鼓励各个院校扎扎实实地搞好课堂教学，提高学生的实际应用能力。计算方法如下：

①根据学生目前的作文分均值，将作文的最低分定为 6 分；

②作文分为 0 分，总分若高于 60 分，最后一律按 59 分不及格处理；若低于 60 分，则一律再减 6 分；

③作文分大于 0 分，小于 6 分，则按下面的公式计算成绩：

最后得分 = 原计算总分 -6 分 + 实得作文分

例 1：原计算总分为 63 分，实得作文分为 2 分，最后得分 =63-6+2=59 分。

例 2：原计算总分为 80 分，实得作文分为 4 分，最后得分 =80-6+4=78 分。

例 3：原计算总分为 58 分，实得作文分为 2 分，最后得分 =58-6+2=54 分。

（五）四、六级考试作文评分标准差别

四、六级考试作文命题相同评分不同差别在哪里？四级和六级考试写作虽然曾经采用相同的命题，但是评分却有差别。在写作测试和教学中，考生和教师都应该敏锐地把握这些差异。具体地讲，语汇、语型、句法和章法结构多个方面在深度和准确程度上有差异。实际上不同的考试使用相同或者相似的命题，在国外测试中屡见不鲜。

托福和雅思、GMAT 和 GRE 命题很多时候是相同的。可是考试的评分重点有很大的不同。写四级作文，考生应该注意不要超过四级考试的词汇范围。句法结构要有适当的变化，但是不要使用过于复杂的从句。否则，错误的复杂句子远远不如正确的简单句子。

我们用一道具体的题目分析四级和六级评分标准的差别。

【写作题目】Harmfulness of Fake Commodities

【写作要求】Directions:For this part, you are allowed thirty minutes to write a composition on the topic:Harmfulness of Fake Commodities. You should write at least 100 words and you should base your composition on the outline given in Chinese below：

目前社会上有不少假冒伪劣商品（fake commodities）；

为什么会有这种现象？

举例说明假冒伪劣商品对消费者个人、社会等的危害。

【写作范例 1】

Each individual encounters such troubles as sickness and discomfort situations in his or her development. Similarly, each society is inevitably harmfully impacted by immoral or even illegal economic activities in the process of its evolvement. The most notorious and harmful among these despicable actives are fake commodities.

Fake commodities, like a virus that intrudes and cripples an organism, exert alarmingly detrimental influences on each individual consumer, the community, and the social mores as well.

They directly hurt the consumers by providing products that are priced highly but inferior in quality. Sometimes such products as faked medicine or foods can threaten consumers' life.,needless to mention consumers' economic loss. The more fake commodities a society has, the more exacerbated the moral and ethic in that society.

What the society must immediately address is to minimize the quantity of any fake commodities and eradicate any opportunity to manufacture them.

【写作范例 2】

Economic boom should bring people a more comfortable and convenient life. Ironically, the more commodities available in a society whose economic fabric is not woven by legal and moral warp and woof, the less and less security the average consumers can have. In fact, even today the public is still jeopardized by fake commodities that flood almost each developing country.

Fake commodities directly harm the average individual consumers in a series of ways. First they are usually inferior in quality and thus eannot meet consumers' ends. Take a fake watch as an example, it is sold at the same price as is the genuine one but seldom can it give time precisely. Secondly, they might threaten consumers' health and life in case of fake foods, medicine, and beverages. Some patients are seriously endangered by taking fake medicines. Some even lose their life immediately after eating fake soybean sauces and vinegar. The society as a whole is also detrimentally infected by fake commodities as far as the moral and ethic is concerned.

Then, how to address this serious problem? Most vital is to legally penalize those who manufacture and trade fake products. Second is to educate people how to tell the facts and fiction.

以上两篇作文都是非常优秀的。从用词到句型的变化，章法的合理安排等各个方面都已经超越了一个考生能够掌握的程度。所以，单纯从四、六级考试来看，都不是适合学生的作文。

究竟什么才是优秀的四级作文呢？这个说法本来就比较矛盾。因为大学英语四、六级考试本身对英文写作水平的要求不高。获得“优秀”实在不是一件容易的事情。根据作文给定提纲：“目前社会上有不少假冒伪劣商品（fake commodities）；为什么会有这种现象？举例说明假冒伪劣商品对消费者个人、社会等的危害。”要求考生的作文段落展开以描述社会上有不少假冒伪劣的商品为开头，然后分析社会现象存在的原因，最后陈述其利弊。这是四级和六级共同要求的语言功能，这两种考试都要求考生严格按照命题的提纲写作，所以作文三个段落的划分就十分清楚。

第二节 大学英语四、六级写作常用词汇及表达

评分标准要求评卷人根据文章的结构严谨性、语言流畅程度等内容进行综合评分。但是面对成千上万的作文，任何一位评卷人都会感到又累又烦。所以作文保持层次清晰、语言流畅的写作特色会使评卷人心旷神怡。这其中表示逻辑关系的转折词汇功不可没。就其词义来讲，转折词大多为我们常见的简单词，而且同样有规律可遵循。可是有些时候，转折词的正确使用被写作者所忽略，而且没有在写作者的脑海中形成系统的记忆。接下来，本书将向大家介绍一些常用的转

折词及表示各种逻辑关系的词汇。另外，如果在文章中使用了一些华丽的词或词组，加上科学积极的表达，同样能够使文章更加丰富多彩。只有这样，大学英语写作才能游刃有余，妙笔生花，让评卷人对写作者刮目相看。

一、逻辑关系常用词汇

（一）表示因果关系

as a result 结果；on account of 由于；accordingly 因此；therefore 因此；because of 由于；so that 因此；due to 由于；consequently/as a consequence 因此，结果；owing to 由于；hence 因此；thanks to 由于；now that 既然；since 既然，由于；thus 因此；lead to 导致；be attributed to 归因于；contribute to 导致；account for 是……的原因；result in 导致；factor/cause 原因；as 因为；seeing that 因为。

（二）表示解释关系

as a matter of fact 其实；in this case 既然这样；that explains……的原因是；frankly speaking 坦白地讲；in other words 也就是说；in fact 事实上；that is 也就是说；namely 即；in simpler terms 简单而言。

（三）表示推理关系

If so 假如这样的话；that implies/indicates 意味着；or else 否则；otherwise 否则；under no circumstances 在任何情况下都不。

（四）表示递进关系

last but not least 最后；that is to say 也就是说；besides 此外；in addition 此外；additionally 此外；moreover 进一步说；further 此外；furthermore 此外；what's more 另外。

（五）表示比较关系

equally 相等地；on the contrary 相对地；in contrast/in opposite 相反；while 虽然；whilst 同时；whereas 虽然；in the same way 同样地；instead 更换，替换选择；not...but... 不是……而是……；neither...nor... 既不是……也不是……；instead of 替代；alternatively 另外地；rather than 而不是；either...or... 是……或者是……。

（六）表示让步和转折关系

although 尽管；though 尽管；but 但是；despite 虽然；otherwise 否则；at the same time 同时；yet 然而；even though 即使；however 然而；nevertheless 然

而；nonetheless 尽管如此；regardless of 不管；notwithstanding 虽然；still 尽管如此；in fact 实际上；as a matter of fact 事实上；albeit 尽管；in spite of 虽然；conversely 相反地；after all 毕竟。

（七）表示起始关系

at first 首先；on the whole 总体来说；recently 最近；it goes without saying that... 不用说；lately 最近；in general 一般来说；generally speaking 首先；to start/begin with 首先；one the one hand...on the other hand... 一方面……另一方面……；for one thing...for another... 首先……，其次……；firstly 首先；in the first place 首先；first and foremost 最重要的是；first of all 首先。

（八）表示承接关系

also 并且；such as 正如；at any rate 无论如何；truly 事实上；after a while 过了一会儿；no doubt 无疑；moreover 此外；of course 当然；incidentally 附带地；then 然后；what is more 此外；still 仍然；later 此后；by this time 此时；so 所以；secondly/hirdly 第二 / 第三；similarly 同样地；unlikely 不同地；in addition 此外。

（九）表示关联关系

as well as 也；equally important 同样重要地；in any event 无论如何；naturally 当然；obviously 显然；apparently 明显地；provided 假如；likewise 同样；subsequently 后来；to be sure 确实，当然；in this case 在这种情况下；unlike 与……不同；unluckily/unfortunately 不幸地；luckily/fortunately 幸运地。

（十）表示总结关系

all in all 总而言之；in sum 总而言之；in a word 总而言之；briefly 简要地；in brief 简单来说；in short 总之；anyhow 不管怎样；in conclusion 总的来说；to conclude 总而言之；in summary 总的来说；to summarize 总的来说；to sum up 概括来讲；eventually 最后；finally 最后；by and large 一般来说；on the whole 总的来说；as has been noted above 如前所述；as I have said 如我所说；for the reasons presented above 综合上述原因；given the factors I have just outlined 考虑上述原因；take into account all the above factors 综上所述。

（十一）表示过渡关系

as regards 关于；concerning 至于；regarding 关于；asto 关于；by the way 顺便提及；with reference to 关于；talking of 谈到。

（十二）表示强调关系

most importantly 最重要地；with great emphasis on 强调的是；indeed 的确；particularly 特别地；in particular 特别是；significantly 显著地；interestingly 有意思地；undoubtedly 无疑地；especially 特别地；above all 最重要地。

（十三）表示举例关系

as follows 如下；a case in point 一个恰当的例子；for example 例如；for instance 例如；to illustrate 举例说明；such as 例如；including 包括；take...as an example 以……为例……；...can serve as an example……可以作为一个例子。

（十四）表示时间关系

after a while 过一会儿；meanwhile 同时；at the same time 同时；afterwards 此后；until now 直到现在；as long as 只要；thereafter 从那时以后；at least 最后。

（十五）表示可能关系

presumably 大概；probably 大概，或许；perhaps 或许，多半；possibly 可能；maybe 大概，或许；likely 很可能。

二、趋势程度常用词汇

（一）表示上升趋势

increase 增加；grow 增长；rise 上升；surge 猛增；soar 猛增；rocket 迅速增长；go up 上升；jump 暴涨；leap 飞跃；shoot 上涨；climb to 上升；mount 增长；ascend 上升；on the rise 上升；spiral upwards 螺旋上升；swell 增大；experience an explosive growth 迅猛增长；respectively 分别地；amount 数量，数额。

（二）表示下降趋势

decrease 降低，减少；fall 下降；drop 下降；decline 下降；go down 下降；slide 下滑；reach the bottom of 降到底部；on the decline 处于减少趋势；slump 暴跌；take a nose dive 迅速下降；wane 变小，衰落；reduction 减少。

（三）表示平稳趋势

consistent 一致的；steady 稳定的；stable 稳定的；hardly change 几乎不变；level off 变平，稳定；remain constant 保持稳定；stay the same 保持一致；maintain 保持。

（四）表示波动趋势

swing 摇摆，摆动；fluctuate 波动，涨落；fluctuation 波动，起伏。

（五）表示程度

dramatic 剧烈的；drastic 急剧的；slight 轻微的，微小的；somewhat 稍微，些许；suddenly 突然地；substantial 重要的；considerably 相当地；sharply 锐利地，急剧地；steep 急剧升降的；rapid 迅速的，飞快的。

三、表达个人观点常用词汇

in my opinion 在我看来；in my eyes 在我看来；from my perspective 在我看来；as for me 对于我来说；from my point of view 从我的观点来看；as far as I am concerned 在我看来；I maintain that 我认为；as I see it 在我看来；from where I stand 站在我的立场上；it seems to me that 我认为；it's my feeling that 我觉得；personally 我个人认为；personally speaking 我个人认为。

四、大学英语四级写作常用动词

adopt 采用
advertise 打广告
affect 影响
assess 评估
ban 禁止
cheer 欢呼
confront 面对
conserve 保存
consolidate 巩固
contemplate 沉思
convince 说服
curb 控制
debate 辩论
demonstrate 展示，证明
despise 厌恶，鄙视
devise 设计，发明
dislike 讨厌
distribute 分配，发放
eliminate 消除，排除
enforce 强迫
enhance 增强，提高
evaluate 评测，评估
execute 实施
expand 扩大
focus 关注
heighten 增强，加深
identify 识别，鉴定
instill 灌输
invest 投资
invoke 援引，求助于
involve 包括；潜心于
maintain 维持
measure 测量，衡量
motivate 激发
occur 发生
outweigh 超过

preserve 保存，保护
promote 促进
propose 建议，提议
purchase 购买
pursue 追求；从事；获取
recommend 推荐
recycle 循环使用
release 释放
reveal 揭示，暴露
socialize 社交
strive 努力
surf（网上）冲浪

五、大学英语四级写作常用形容词和副词

academic 学术的
acceptable 可接受的
accountable 应负责的
adequately 充分地
affordable 支付得起的
annual 每年的，年度的
beneficial 有益的
chaotic 混乱的
competitive 竞争的
challenging 富有挑战性的
conscientious 尽责的
convenient 方便的
considerate 考虑周到的
current 当前的，现在的
demanding 苛求的
obvious 明显的
detrimental 有害的
excessive 过分的，过多的
extra 额外的
feasible 可行的
frustrating 沮丧的
harmful 有害的
illegal 非法的
individual 个人的
integrated 综合的
intriguing 令人迷惑的
invariably 总是
potentially 潜在地
desirable 悦人心意的
largely 很大程度上
mere 仅仅
presumably 大概
prevalent 流行的
primary 主要的
professional 专业的
seemingly 看起来
shallow 肤浅的
significant 重要的
problematic 有问题的
timely 及时的
stressful 紧迫的
unstable 不稳定的
upcoming 即将到来的
virtually 事实上
various 不同的
viable 可行的，有效的
knowledgeable 有见识的

六、大学英语四级写作常用短语

a number of 许多
account for 说明，解释
adhere to 附在…上；坚持
associate with 相关的，有联系的
answer for 对……负责任
available to 现有的
be aware of 意识到
be likely to do 有可能
bear on 对……施加影响，有关
bring forward 提出，建议
care for 关心
come down to 可归纳为
cut down on 减少
devote to 专心致志于
divide sth. into 将……分为
exempt sb. from 使……免除
have a bearing on 与……有关系
in terms of 按照……，在……方面
insight into 洞察
keep up with 保持，跟上
learn about 了解，认识
on one's own 独自地
pick out 分辨出，了解
reference to 提及，论及，参与
rely on 依靠，依赖
set up 建立
take advantage of 利用
turn down 拒绝，放弃
use up 耗尽，用光
work through 干完
link...with... 将……与……联系起来
access to 访问，登录，接入
addict to 沉迷于
aim for 力争，针对
amount to 总共达到；实际上是
attach importance to 重视
back up 支持
be concerned with 关心，关注
be used to doing 习惯做
bring forth 产生；提出
carry out 进行，开展
catch up 赶上
compare with 与……比较
deal with 应付，处理
dispose of 去除，处置
end up with 以……结束
get in the way of 妨碍
in relation to 有关，涉及
indifference to 对……不关心
insist on 坚持，坚决要求
lack of 缺乏
concentrate on 集中精神
participate in 参与，分享
quite a few 不少
refrain from 克制，戒除
set forth 阐明，陈述
stress on 强调
tend to 趋向于
up to 直到，多达
without a doubt 毫无疑问
lose sight of 忽略，忘记

七、大学英语六级写作常用的名词

abolishment 废除
absurdity 荒唐，谬论
abuse 滥用
achievement 成绩
acquaintance 熟人
adaptation 改写，适应
adversity 逆境
affection 友情
alienation 疏远
ambition 志向
amusement 娱乐
apathy 冷漠无情
architecture 建筑
assault 攻击
assessment 评估
association 联想
availability 可得到的
barrier 妨碍
behavior 行为
beneficiary 受益
budget 预算
burden 负担
campaign 运动
candidate 候选人
capacity 能力
celebrity 名人
cohesion 凝聚力
colleague 同事
comfort 舒适
commercial 商业广告
commodity 商品
companion 同伴
conformity 一致
consensus 同意
consultation 咨询
consumption 消费
content 内容
contentment 满意
contribution 贡献
costume 服装
creativity 创造性
criteria 条件
cruelty 残忍
customer 顾客
cyber crime 网络
depression 沮丧
deprivation 剥夺
descendant 后代
deterioration 恶化
digestion 消化
dignity 尊严
discipline 纪律
discrimination 歧视
discomfort 不舒服
discontent 不满
disgust 反感
disorder 无序状态
disposition 性格
distraction 干扰
diversity 多样化
disorientation 迷失
endeavor 努力做
enjoyment 享受
enthusiasm 热情
evaluation 评价
exception 例外

exhibition 展览
exploration 探险
export 出口
fidelity 忠实
flexibility 灵活性

八、大学英语六级写作常用的形容词和副词

alert 敏锐的，警惕的
arduous 费劲的
artistic 艺术的
awkward 尴尬的
absurd 荒唐的
addictive 上瘾的
affectionate 有感情的
aggressive 上进的
authoritative 权威性的
astonishingly 惊讶的
balanced 平衡的
cogent 信服的
cold-blooded 冷血的
extremely 极端的
continually 连续的
occasionally 偶尔
cold-hearted 无情的
compassionate 同情心的
considerably 显著地
compatible 兼容
complicated 复杂的
confident 自信的
contemptible 可鄙的
corrupt 腐败的
contributive 贡献的
delicious 美味可口的
demanding 要求高的
detrimental 有害
devious 偏离正道的
desirable 值得要的
dishonorable 不光彩的
disturbed 干扰的
dramatically 戏剧性地
eccentric 古怪的
economical 经济的
enlightened 开明
evil 邪恶的
extraordinarily 非凡的
moderately 一般地
repeatedly 重复的
exotic 异国的
fallacious 荒谬的
fashionable 时髦的
frequently 频繁的
feasible 可行的
mildly 轻微的
gorgeous 辉煌的
humane 人道的
impressive 深刻的
incompatible 不调和的
incompatible 不适宜的
ignorant 无视的

九、大学英语六级写作常用动词

divert 使分心
dominate 占优势

eliminate 消除
entertain 招待，娱乐
evolve 演变
exert 施加
explore 探究
guarantee 保证，担保
idealize 理想化
ignore 无视
impair 危害
incur 招致，引发
inherit 继承
install 安装
maltreat 虐待
minimize 使最小化
neglect 忽视
observe 遵从
perform 履行
preserve 保留
publicize 宣传
quit 放弃
refine 精炼
reform 改革
regulate 管制
reject 剔除
release 释放
represent 代表
restrain 约束
roam 闲逛
shirk 回避
steer 驶向，掌舵
signify 表示，意味
supervise 监督
surpass 超过
threaten 威胁

enlighten 启发
valuate 评价
exaggerate 夸张
expel 排除
expose 揭露
hamper 妨碍
identify 辨认
imitate 模仿
restrict 限制
inflict 使……承受
innovate 改革
lavish 浪费
maximize 最大化
mould/build 塑造
oblige 强迫
participate 参与
please 取悦
prohibit 禁止
pursue 追求
quote 引用
reflect 反映
refresh 使恢复
rehabilitate 改造
relax 修养
render 给予
restore 重建
retain 保留
sacrifice 牺牲
shun 回避
stimulate 刺激
stipulate 规定
control 控制
survive 生存
tolerate 忍受

treasure 珍惜
trigger 引发
undermine 危害
unload 摆脱负担
underestimate 低估

十、大学英语六级写作基本表达

解决：solve、deal with、cope with、handle、resolve、address、tackle。

损害：damage、hurt、injure、ham、impair、undermine、jeopardize。

给与：give、offer，render、impart、provide、supply、afford。

培养：develop、cultivate、foster。

优势：advantage、merit、virtue、benefit、upside、strength。

缺陷：disadvantage、demerit、drawback、downside、weakness。

使迷惑：puzzle、bewilder、perplex、baffle。

重要的：key, crucial. critical, important, significant, vital, substantial, indispensable, imperative。

认为：think, believe, insist, maintain, assert, conclude, deem, hold, argue, be convinced, be firmly convinced, be fully convinced。

保护：protect, conserve, preserve。

确保：assure, ensure, guarantee, pledge。

有害的：bad, baneful, evil, harmful，detrimental。

要求：request, demand, needs, requisition。

消除：eliminate, clear, remove, clear up, take away, smooth away。

导致：lead to, bring about, result in, cause, spark off, conduce to, procure, induce, generate。

因此：so, therefore, thus, hence, consequently, as a consequence, accordingly, as a result, because of this, as a result of this。

增长至：grow to, rise to, increase to, go up to, climb to, ascend to, jump to, shoot to。

降低至：dip to, fall to, decline to, decrease to, drop to, go down to, reduce to, slump to, descend to, sink to, slide to

保持稳定：level out, do not change, remain stable, remain still, remain steady, be stable, maintain the same level, remain unchanged, be still, remain the same level, stay constant, keep at the same level, level off, stabilize, keep its stability, even out。

急剧地：dramatically, drastically, sharply, hugely, enormously, steeply, substantially, considerably, significantly, markedly, surprisingly, strikingly, radically, remarkably, vastly, noticeably。

平稳地：steadily, smoothly, slightly, slowly, marginally, gradually, moderately, mildly。

宣称：allege, assert, declare, claim。

发生：happen, occur, take place。

原因：reason、factor、cause。

发展：development、advance、progress。

有益的：useful、helpful、beneficial、profitable、rewarding、advantageous。

影响：influence、impact、effect。

明显的：clear、obvious、evident、self-evident、manifest、apparent、crystal、clear。

占：comprise、take up、account for，constitute、consist of、make up、occupy、hold、compose。

与……相比：compared with、compared to、in comparison with、in comparison to、by comparison with、by comparison to。

对比而言：by contrast、in contrast、on the other hand、on the contrary、conversely。

展示：show、reveal、illustrate、demonstrate、depict、present、represent、describe。

大约：approximately、almost、about、around、nearly、roughly.

波动：fluctuate、go ups and downs、display a fluctuation、demonstrate a fluctuation。

事实上：practically、in practice、essentially、in essence、in reality、in effect、in fact、as a matter of fact、it is a fact that。

换言之：namely，that is to say、in other words.，to put it like this、to put it differently、to put it from another way、to put it from another angle。

越来越：be increasingly+adj. be on the riseb he growing number of。

人们认为：it is generally/widely believed/held/agreed that。

许多问题：a host of/a number of problems。

引起人们注意：claim call/attract general/public/world attention to sth.

意识到：there is a growing awareness/realization of/that awaken sb. to the fact/danger。

十一、大学英语六级写作常用成语

① Practice makes perfect.

熟能生巧。

② God helps those who help themselves.

天助自助者。

③ Easier said than done.
说起来容易做起来难。
④ Where there is a will，there is a way.
有志者事竟成。
⑤ One false step will make a great difference.
失之毫厘，谬之千里。
⑥ Slow and steady wins the race.
稳扎稳打无往而不胜。
⑦ A fall into the pit, gain in your wit.
吃一堑，长一智。
⑧ Experience is the mother of wisdom.
实践出真知。
⑨ All work and no play makes jack a dull boy.
只工作不休息，聪明孩子也变傻。
⑩ Beauty without virtue is a rose without fragrance.
无德之美犹如没有香味的玫瑰，徒有其表。
⑪ More hasty, less speed.
欲速则不达。
⑫ It's never too old to learn.
活到老，学到老。
⑬ All that glitters is not gold.
闪光的未必都是金子。
⑭ A journey of a thousand miles begins with a single step.
千里之行始于足下。
⑮ Look before you leap
三思而后行。
⑯ Rome was not built in a day.
伟业非一日之功。
⑰ Great minds think alike.
英雄所见略同。
⑱ Well begun, half done.
好的开始等于成功的一半。
⑲ It is hard to please all.
众口难调。

⑳Out of sight, out of mind.
眼不见，心不念。

㉑ Facts speak plainer than words.
事实胜于雄辩。

㉒ Call back white and white back.
颠倒黑白。

㉓ First things first.
凡事有轻重缓急。

㉔ Bsd news travels fast.
坏事传千里。

㉕ A friend in need is a friend indeed.
患难见真情。

㉖ Live not to eat, but eat to live.
活着不是为了吃饭，吃饭为了活着。

㉗ Action speaks louder than words.
行动胜过语言。

㉘ East or west, home is the best.
金窝银窝不如自家草窝。

㉙ It's not the gay coat that makes the gentleman.
君子在德不在衣。

㉚ Beauty will buy no beef.
漂亮不能当饭吃。

㉛ Like and like make good friends.
趣味相投。

㉜ The older, the wiser.
姜是老的辣。

㉝ Do as Romans do in Rome.
入乡随俗。

㉞ An idle youth, a needy age.
少壮不努力，老大徒伤悲。

㉟ As the tree, so the fruit.
种瓜得瓜，种豆得豆。

㊱ To live is to learn, to learn is to better live.
活着为了学习，学习为了更好地活着。

以上作者总结出的大学英语写作常用词汇和表达只是冰山一角，但确实是大学英语四、六级写作考试中出现的高频词汇及表达，希望读者能够尽可能地全面掌握，并举一反三，真正有效地理解并消化吸收这些大学英语写作常用词汇和表达，并运用到具体的写作实践中。

第三节　大学英语四、六级写作步骤

一、审题

根据《大学英语教学大纲》的要求，四级写作是一种给题目、提示及指导的短文写作，因此紧紧围绕其题旨是至关重要的。在四级作文考试标准中文章是否切题排在最前，可见其重要性。考生在审题的过程中应当认真审阅作文的说明要求和所给的材料，比如段首句、提纲、关键词、图表等，确定相应的体裁（议论文、说明文还是记叙文），明确自己的中心思想，从而明确作文的写作范围和侧重点。审题的目的首先是立意，即根据题目或材料确定文章的主题思想，明确主题就是立意的过程。一篇文章只能有一个主题思想，要鲜明、深刻、有新意。另一方面要明确题目给定的题材及写作考试重点，还要从题目当中找出关键词，总结该题目涵盖了哪几个方面的内容，尤其是侧重点。

二、确定写作方法

审题的目的就是根据不同体裁确定不同的写作方法。不论所给的题目或题型是图表作文、段首句作文，还是提纲式作文等，通过审题，看清楚文体后才能判断出它在写作上是属于哪一类的文章，然后确定写作方法，套用写作模板。一般大学英语四、六级作文大都是三段式。第一段为议论体，第二段为说明体，第三段为描述体。而各种文体又有不同的写作方式：议论文要有论点和论据，而且往往从正反两方面来论述；说明文可以从几方面或几条来说明一个问题。描述文要以一个为中心点描述一个过程。

三、列出提纲

考生在四级写作时间上要巧妙安排，英语四级考试一般要求在 30 分钟内写出一篇约 120 个词的短文，文章虽说并不是太长，但需要有论有据，有头有尾。为了防止因时间不足而虎头蛇尾，写作时一定要安排好时间。最好用 5 分钟左右写下提纲和要点，以便写作时有章可循。这样做，一是不至于无话可说，二是可以避免虎头蛇尾。不同的作文题型中，对提纲的要求也有所不同，在四级考试作文中，常见的是给出题目和提纲题型。因此，只需要考生自己能正确有效地利用已经给出的中文提纲，对提纲材料进行加工、补充、扩展。各段的展开根据提纲的来龙去脉进行，尤其要注意确定重点，选准扩充点，将比较抽象的内容具体化，阐述透彻。

四、确立主题句

审题立意后，学生应用最精练的语言概括出段落的主题句。主题句是段落的中心，有提携全段的作用。因此，主题句最好放在每段的段首，这个位置醒目突出，能让阅卷人一眼就能明了全段大意。同时，主题句结构要完整，表达意义要准确，有高度的概括性，且用词要精炼生动。

五、选择材料扩展主题句

写作材料与主题句密切相关。主题句从无数素材中总结浓缩而来，同时，它又提携着材料，材料又必须为主题句服务，详细说明并支持主题句的思想，与文章主题形成有机的统一体，任何与主题句无关的繁杂内容都应舍弃。选择的材料最好来自日常生活，真实且具有说服力。

六、文章的逻辑性

从语言学上来讲，英语是形合的语言，指的是靠形式来联合，而汉语是意合的语言，指的是靠意思来联合。比如，英语的句子之间必须用连词或关系词来连接，而汉语不用连词也能表达完整的句子。因此，在写作考试中，句子之间要用相应的连接词来体现文章的逻辑性。比如，表示举例或补充说明的关联词，表示时间或顺序的关联词，表示转折的关联词，以及表示原因与结果的关联词，等等，考生在平时的学习中要有意识地积累这类连接词。

七、文章修改和润色

考生写完一篇文章后，若时间允许，要进行修改和润色。考生可从以下几个方面入手修改：首先从语篇结构上检查，这主要是检查文章的主题是否明确，篇章层次是否明显，段落衔接是否连贯，内容是否切题等；其次就是具体检查每个段落，这一步主要检查段落是否完善，中心是否突出，段内各句是否衔接紧凑等；最后就是做语法上的检查，包括用词是否恰当，标点是否正确，句子结构是否完整，语句是否通顺，等等。

在此提醒广大考生，写作能力的提高不仅需要考生平时的刻苦训练，而且需要各个环节的密切配合。写作体现的是考生的英语综合水平，因此考生在平时的学习中要多练习，多总结。

以下面一篇作文为例进一步讲解：

【写作题目】Trying to Be A Good University Student

【写作要求】Directions:For this part, your are allowed 30 minutes to write a composition on the topic:Trying to Be A Good University Student. You should write at least 100 words and you should base your composition on the outline（given in Chinese）below。

①做合格大学生的必要性；

② 做合格大学生的必备条件（可以从德智体方面谈）；

③我计划这样做。

很多人说这种类型的作文是议论文。这是片面的，因为，第一段要求写“必要性”，这说明本段体裁是议论文；第二段要求写“必备条件”，这说明本段要求写说明文；第三段要求写“这样做”，这说明本段要求写描述文。所以在大多数情形下，四级作文是三种体裁的杂合体。通过审题，我们可以看出四级作文大都是三段式。例如，上例第一段为议论体，第二段为说明体，第三段为描述体。而各种文体有不同的写作方式：

第一段是议论文，要有论点和论据，而且往往从正反两方面来论述。例如，上面第一段的思路是：做合格大学生，会怎么样（这是从正面论述）；不能做合格的大学生，会怎么样（从反面论述）；所以我们要做合格的大学生（结论）。第二段是说明文，可以从几方面或几条来说明一个问题，就第三段是描述文，要以一个中心描述一个过程。与上两段相比，本段的主语多为人称代词，要与第二段相呼应进行描述。确定正确的写作思路后，我们就要写主题句。主题句必须确保不跑题。写主题句最主要的方法就是把中文提纲的各句译成英语。例如，上述三段主题句分别为：

It is very necessary to be a good university student.（议论体的主题句）

There are several respects of necessities to be a good university student.（说明体的主题句）

What I will do in the future is the following.（描述体主题句）

保证不偏题是写作中的第一个重要任务，第二个重要任务就是要做到文章条理清楚。对于议论文来说，正反面论点要清楚；对于说明文来说条理要清楚；对于描述文来说，谁干什么要清楚。为了使文章更具有条理性，我们可以用 first（ly）、second（ly）、third（ly）等副词，它们可以使文章的条理性更加突出。作文是主观题，想得高分就必须引起评卷人的注意，评卷人评阅的时间很短（每篇作文只有一两分钟就要阅完），所以我们在文章中最好不用 to be with、after that、 and then、the next、the following、ts lat。因为用这样的词语不利于评卷人看出你作文的条理性。第三个重要任务是注意考试时的字数要求。作文应达到字数而又不至于写得太多，写得太多一方面会暴露作者语言上的弱点，另一方面又会占用过多的时间，写得太多还易跑题。

一般来说，大学英语作文一般都是三段式。每一段中要包括主题句再加上两三句扩展句和一个结论句就可以了。

参考文献

[1] 蒋云华 . 网络环境下大学英语写作教学理论与实践 [M]. 昆明：云南大学出版社，2012.

[2] 顾荣，冯鸿莉，兰红梅 . 高校英语写作 [M]. 长春：吉林人民出版社，2020.

[3] 吕璀璀 . 领先大学英语写作 [M]. 青岛：中国海洋大学出版社，2019.

[4] 徐晓莹 . 大学英语写作教程 [M]. 哈尔滨：东北林业大学出版社，2009.

[5] 刘霞 . 大学英语文体写作详解与实践 [M]. 长春：吉林人民出版社，2017.

[6] 司显柱 . 英语应用写作教程 [M]. 上海：东华大学出版社，2016.

[7] 孙丽亚 . 英语写作技巧及教学策略初探 [J]. 延边教育学院学报，2021（3）：172-174.

[8] 董宁函 . 大学英语写作技巧及能力培养方法研究 [J]. 英语广场，2015（3）：101-102.

[9] 沈丛，杨舒 . 如何提高大学生的英语写作水平和技巧——评《大学英语写作技巧与实践》[J]. 中国教育学刊，2015（2）：122.

[10] 李健 . 如何提高大学生英语写作水平和技巧——评《大学英语写作技巧与实践》[J]. 中国教育学刊，2015（5）：121.

[11] 刘志成 . 英语小说阅读对非英语专业大学生英语写作能力及英语学习动机影响的实证研究 [J]. 云南大学学报（自然科学版），2020（S1）：164-169.

[12] 王彦 . 新高考改革背景下英语作文探究 [J]. 品位 · 经典，2021（24）：164-166.

[13] 王伟 . 大学英语写作技巧的提升策略研究——评《大学英语写作技巧与实践》[J]. 新闻爱好者，2018（2）：114.

[14] 杨琳 ."以读促写"教学模式在高校英语写作教学中的应用 [J]. 吉林农业科技学院学报，2022（3）：118-121.

[15] 芦勤 . 如何提高英语写作技巧 [J]. 知识经济，2016（11）：90.

[16] 姚尚莲，钟艳 . 英语写作的重要性及写作技巧 [J]. 西昌学院学报（社会科学版），2006（1）：104-106.

[17] 刘繁 . 大学英语写作教学面临的问题及相应对策 [J]. 教育与教学研究，2012

（11）：84-86.
[18] 刘秀娟 . 浅谈英语写作高分的技巧与策略 [J]. 海外英语，2020（14）：118-119.
[19] 赵云鹏 . 关于利用“互联网 +”开展英语写作教学的思考 [J]. 英语广场，2020（24）：88-90.
[20] 谢赛，王汶雅，李洁颖 . 对比视角下的大学生英语写作问题及教与学对策——以广东第二师范学院为例 [J]. 湖州师范学院学报，2019（6）：41-46.
[21] 黄英 . 大学英语写作教学与写作技巧探究——评《新世纪实用英语写作（第三版）》[J]. 中国教育学刊，2021（6）：136.
[22] 刘清香，陈颖，韩宁 . 大学英语写作存在的问题与写作技巧的培养 [J]. 湖南农业大学学报（社会科学版 . 素质教育研究），2008（5）：93-94.
[23] 白泽平 . 提高大学生英语写作能力的四点建议 [J]. 英语广场，2017（01）：87-88.
[24] 韦储学 . 大学生英语写作技巧研究 [J]. 桂林电子工业学院学报，2005（2）：70-74.
[25] 张煜，徐世昌 . 基于语料库的体裁分析法英语专业写作教学实证研究 [J]. 外语界，2011（6）：49-55.
[26] 田源 . 英语专业写作翻转课堂教学模式探析 [J]. 沈阳农业大学学报（社会科学版），2019（1）：95-100.
[27] 丁丽荣 . 如何在英语教学中提高学生的写作表达能力 [J]. 西部素质教育，2019（18）：74+77.
[28] 刘宇红 . 英语写作技巧的应用研究 [J]. 语文学刊（外语教育教学），2012（2）：130-131.
[29] 王慧英 . 用英语写作技巧来应对四六级快速阅读 [J]. 黑河学刊，2012（05）：117.
[30] 林娜 . 关于大学英语写作技巧的探究 [J]. 文学教育（中），2012（6）：76.
[31] 杨海娟 . 网络环境下学生英语写作教学 [J]. 中国教育学刊，2012（S1）：73-74.
[32] 左维娜 . 大学英语写作技巧及能力培养的策略 [J]. 才智，2012（20）：310-311.
[33] 盛仁泽，余建琼 . 大学英语写作在线作文批改反馈与教师反馈对比研究 [J]. 中国成人教育，2012（18）：134-136.
[34] 侯飞亚 . 大学英语写作教学中写作技巧的应用 [J]. 产业与科技论坛，2012（16）：182-183.
[35] 廖福妹 . 英语阅读与写作能力的培养 [J]. 韶关学院学报，2009（7）：133-135.

[36] 马依努尔·艾则孜 . 浅谈大学生英语写作中存在的问题及应对策略 [J]. 新西部（下半月），2009（6）：187-188.
[37] 陈胜华，隋莹 . 提高大学生英语写作能力点滴谈 [J]. 英语广场（学术研究），2013（7）：84-85.
[38] 郝育蓉，王福宁 . 大学生英语写作存在的问题及对策 [J]. 教育理论与实践，2013（30）：60-61.
[39] 张会萍 . 基于 POA 的大学英语写作课混合式教学 [J]. 软件导刊（教育技术），2018（5）：63-65.
[40] 李育林，邓云华 . 论大学英语写作自主学习能力的培养 [J]. 湖南师范大学教育科学学报，2008（5）：124-126.
[41] 施佳胜 . 怎样提高英语写作技巧 [J]. 安徽农业技术师范学院学报，1995（4）：99-100.
[42] 李宇贤 . 基于 OBE 理念的大学生英语写作能力培养 [J]. 西部素质教育，2022（6）：85-87.
[43] 惠鑫 . 浅谈新时期大学生英语写作能力的提高 [J]. 广西轻工业，2010（8）：209-210.
[44] 朱彩虹 . 优化英语阅读教学提高英语写作能力 [J]. 科学大众（科学教育），2010（11）：48.
[45] 杨孟 . 探究大学英语写作教学中体裁教学法的应用 [J]. 湖北开放职业学院学报，2018（21）：180-181.
[46] 康建宏 . 大专英语写作教学有效性提高的方法探讨 [J]. 市场论坛，2019（2）：90-92.
[47] 谢赛，庄晓珊，吴倩婷 . 基于访谈的大学生英语写作问题实证研究 [J]. 江西师范大学学报（哲学社会科学版），2013（6）：140-144.
[48] 姜静 . 英语写作技巧及能力培养 [J]. 内蒙古师范大学学报（教育科学版），2002（2）：90-92.
[49] 张慧丽 . 大学英语写作文体分析 [J]. 长春师范学院学报，2004（6）：106-107.
[50] 杜巧玲 . 大学英语写作中存在的主要问题及对策研究 [J]. 辽宁经济管理干部学院（辽宁经济职业技术学院学报），2012（2）：88-89.